奇跡は自分で起こせ！

新潟の山の麓《ふもと》の高級寿司店にお客が殺到する理由《わけ》

『龍寿し』佐藤正幸 著

奇跡は自分で起こせ！

[目　次]

第二章　間違いだらけのマーケティング（うまくいかなかった理由がわかった！）

第三章　私はこうして繁盛店を作った　その立て直しの「戦略」

第四章　私はこうして繁盛店を作った　その立て直しの「戦術」

第五章　私が身につけた経営の教訓

まえがき

「はるかな夢への始まり」

今から、20年近く前、私の経営する「龍寿《りゅう》し」は、山の中の何の変哲もない、出前が売り上げの半分を占めるような、ごくごくありふれた田舎の寿司屋でした。

そんな、田舎の寿司屋の店主が小さな夢を持ちました。

新潟県でも山の中の、この南魚沼という地で、銀座の高級店にも負けない握り寿司を、1年に1回だけでもいい、自分が何かやり遂げたごほうびや、大事な人をもてなすときに、手の届く贅沢として来店してもらいたい。地域の人に喜んでもらいたい。と、そんな夢をいだきました。

そして、この地域を、山の中でありながら、日本中で一番寿司に対して、舌の肥えた地域にしよう。そして、日本中から、寿司が好きな人が、やってきて、著名人や料理評論家も、絶賛するような、寿司屋にしていこうと、30歳を前にして思っていました。

きっと、はたから見たら、「あいつ頭おかしいんじゃない」「できっこないよ」という感じだったか、まったく無視されていたかどちらかだったと思います。

なんといっても、ここは、新潟県の県庁所在地の新潟市でもなければ、人口が二番目の長岡市でも、まして海の近くでもない、八海山の麓《ふもと》の山の中の農村地域だからです。

とりあえず、当時2,000円（税別）で売っていた、一人前の握り寿司を、世界で一番、コストパフォーマンスの高い、一人前寿司にしようと考えました。

当時の一人前の握り寿司のラインナップは、握り7かんに玉子焼、それから鉄きゅう巻（マグロとキュウリを一緒に巻いた巻き寿司）が一本分で6切れ入っていました。握り7かんは、中トロ、イカ、イクラ、南蛮エビ（甘エビ）、白身魚、赤貝、穴子といったところでした。

それまで、普通に地元の市場だけから仕入れていたものを、どこか別の場所から仕入れることはできないか？そのことによって、質を上げていくことができないか？と考え始めました。

まず、最初は東京の築地市場から仕入れることにしたのですが、築地から新潟県に入荷させるとなると、どうやっても1日遅くなってしまうことが判明します。そして、なんといっても食のプロが集まる「世界最大の卸売り市場」の築地市場です。やっぱりというか、本当に良いものは高すぎて手が出ない。なにか、別の方法はないか？また、模索し始めます。

当時、インターネットに、楽天市場が開業して少し経ったときで、楽天市場に出店している一軒の魚屋さんを見つけました。その頃の私は、メールを使うことができなかったので、そこに出ていた電話番号に電話をすると、「個人に販売する価格ではなく、業務用価格で送りますよ」という本当にありがたい返事をもらうことができました。そのときから、タイと穴子は、99％くらい、ここの店のものしか、約20年使っていません。

タイは、どっちの料理ショーの特選素材としても取り上げられた逸品です。そして穴子は宮内庁御用達の穴子専門店にも卸しているものと同じものを選りすぐって、特別にわけてもらっています。

そして、赤貝は日本一といわれる宮城県の閖上産のものを特別なルートを作って仕入れ、ワサビも本物の生のワサビをすりおろして使うようになりました。

当時考えた、2、000円の握り寿司一人前を世界一のコストパフォーマンスにするという目標は、達成できていたと思います。

ただ、握り一人前のコストパフォーマンスだけで夢に近づいていけるほど、甘くはありませんでした。

が、あれから20年近くたち、今では、「奇跡の寿司屋」といってくださる著名な方もおられます。

夢への階段を一歩ずつ、しっかりと上ってきました。ときには、嵐の日もあり、そんな日は足を滑らせて、何段も階段を転げ落ちて、瀕死の重傷を負うときもありました。それでも、また立ち上がり、着実に夢に向かって近づいていきました。

これから、この本の中で、そんな「奇跡の寿司屋」の裏側の戦略をお話していきたいと思います。

第一章　奇跡の寿司の誕生と驚異の現実

「オヤジさんのほうがよかった」といわれた日々

二代目にとって、先代は、高くそびえる山だ。
ただ、一歩一歩、着実に昇っていけば、いつか越えていける。

私は、高校を卒業して18歳のときに父が働いていた東京都練馬区の寿司屋に修行に行きました。行ったのはいいですが、19歳になったばかりのころホームシック気味に、半べそをかきながら、「もう都会は嫌だ。」とたった10ヶ月で逃げ帰ってきました。寿司の世界の完全な落ちこぼれです。

その後は知り合いのつてで、3年間、新潟県の長岡市にて修行をしました。そこは親方と奥さん、それと高校生のアルバイト、今のうちの店と同じような、そんな規模の店でした。

修行といっても親方は仕事が嫌いな人でしたので、佐藤君あれやって、これやってと私にできることは、すぐになんでもやらせてもらえました。

そこで、ひと通り仕事を覚え、22歳のときに「龍寿し」に帰ってきました。よく寿司屋はどこそこの一流店で修業をしてとか、修行先が重要視されますが、一流店での修行の経験など私にはありません。

その後、6年間父と一緒に仕事をしたのですが、28歳のときに父が他界し、2代目の経営者になりました。

22歳から26歳くらいまでは、まったく仕事に身の入らない生活を続けていました。朝、父が市場に出かけても、自分は遅くまで寝ていて午前9時出勤だったにも関わらず、しょっちゅう遅刻のありさまです。

市場での仕入れを手伝っているわけではないので、魚の目利きなんてまったくわからない。親子喧嘩もしょっちゅうで、俺には俺のやり方があると、父のアドバイスなんて全く聞かない。

あげくにはオフロードのバイクレースにはまって、昼休みにバイクの練習に行って爪の中まで泥だらけになって帰ってくる。

またほかの日には、昼休みに店の駐車場でバイクいじりをして、お客さんに「その汚い手で寿司を握るなよ」といわれる始末でした。

それから、冬は冬で仲間と3人で小遣い稼ぎに、石打丸山スキー場の食堂にアルバイトをしに行っていました。

26歳くらいから仕事に目覚めましたが、まったく情けない2代目でした。真剣に仕事を始めて2年くらいで父が他界してしまったために、当時は「店を上手くやっていけるのかな」と不安を抱えていました。

たまたま、弟が蕎麦屋の修行を終えたところだったので、店を手伝ってもらうことにしました。

いざ、自分で店をやり始めるとやっぱりというか、2代目の苦悩です。

「オヤジさんのときのほうがよかった。」と陰でいわれることもしばしばありました。当時は今とは違い、知識も経験もスキルも実績も何もかもを持っていませんでした。

父は無口な職人タイプの人間でまじめで実直な仕事をする人でした。「1人前の寿司は、それだけで腹がいっぱいにならないとダメだ。」といつもいっていました。

私はそれに反して、これからの時代は、俗にいう田舎寿司　田舎の寿司屋のシャリが大きくてちょっと食べると腹がいっぱいになる寿司では、他の地域からお客さんを呼び込むことはできないと思っていたので、徐々にシャリは小さくしていきました。

父がやっていたときは、1かんあたり25gほどのシャリに12gほどのネタで、一つ食べると口の中がいっぱいになるそんな握りでした。

今はシャリの量がネタの種類により6g~15g、ネタの大きさが12g~15gと小ぶりで口に含んでシャリとネタが一体となるようネタの硬さ、香り等バランスをとっています。

一番極端なのは煮アワビです。アワビ15gに対してシャリ6gくらいの割合です。

そして、口に入れたときにシャリがほぐれるように心がけて握っていますが、今まで父を支えてくれたお客さんには理解ができなかったのでしょう。

「オヤジさんのときのようにシャリが大きいほうがよかった。」

「シャリが小さいと食った気がしない。」

「握りがオヤジさんのときと違って持つと崩れる。」

とずいぶんいわれました。

今でこそ、父が他界し20年たっていわれることは無くなりましたが、10年くらい前はまだ、オヤジのほうが良かったといわれることがありました。

今は著名人の方やマスコミ関係者の方など、評価していただける人が増えて、やっと今になって認めてもらえたかなと思います。

失敗したリニューアル

戦略の失敗や、自分自身の収入の減少くらいでは本当の辛さはやって来ない。従業員を解雇しなければならないとき、本当の辛さが訪れる。

今から、11年前にあわよくば一気に飛躍して、もう1店舗別の業態で出店しよう野望をいだき意気揚々とやったリニューアルに失敗し、売り上げが急降下してしまいました。

川崎のマグロ屋さん、地元の市場、淡路島の仕入れ先や他の仕入れ先への月末の支払い、それから付き合いのある業者さんの月末の支払いに日々追われました。

その当時、従業員の若い子がひとりいたのですが、その子の給料を月に20万円ほど払うと手元に残るのはわずかな生活費くらいでした。

それに、家賃は自宅で、自分の持ち物でしたのでゼロでしたが、借金の返済が月に11万円ほどありました。

きっと、もっと都会の繁華街で家賃まで払っている人からしたら「何を甘ったれたこといっているんだ。」と眉間にしわを寄せて怒られるかもしれません。ですが、当時の私には、それで精一杯でした。

ただ、商売をやっている以上、従業員の人の給料の支払いや仕入れ業者への支払いは、遅くなったり、踏み倒したりすることだけは絶対にしてはいけないと心に決めていました。

それが、私自身の信用問題になるからです。

従業員の給料を支払うと新潟県の平均年収408万7，900円（2016年のデーターより）に遠く及ばない。それどころか、半分に近いくらいでした。

とはいっても特別な趣味もない人間でしたので、それで何とか生活できました。ただ、妻には辛い思いをさせたと思います。

それでも、他の寿司屋や飲食店に視察に行って、繁盛店の真似をして、取り入れられることは、積極的に取り入れましたが一向に売り上げは上がりませんでした。一体なにがいけなくて、売り上げが上がらないのだろう、毎日胃がキリキリするほど悩みました。

もうかなりコストがかかる新聞折り込みチラシを入れる金銭的余裕もなかったので、本屋さんに行って、お金をかけずにできるという類の飲食店関係のビジネス書を買ってきては、実践してみたりしていましたが、まったく成果というものを出せずにもがいていました。

それまでＤＭ（ダイレクトメール）といえば単に写真付きでコースが３，５００円などの売り込みのＤＭを送っていました。売り込みのＤＭではなく代わりにニュースレターを送ると売り上げがアップするという内容の本を買ってきて、実践してみました。

経費は12～13万くらいもかけたのに目に見えて、それが売り上げにつながりませんでした。

「効果はすぐには出ない。徐々に徐々にだ。」と自分にいい聞かせながら、２回ほどやってみました。

が、結局経費をかけたばかりで、経費の回収もできないまま、ただ単に、くたびれもうけに終わってしまいました。

今考えるとわかりますが、そのとき読んだ本の本質を分かっていなかったのだと思います。ニュースレターとはいえ、お客さんが欲しい情報をまったく無視して、自分の独りよがり、エゴだけでニュースレターも作っていたためでした。今となっては、思い出すだけで、ゾッとする話です。

この後、最悪の結末を迎えることになります。もう、従業員を雇っていられる余裕は無くなっていました。ちょうどガソリン価格が過去最高を記録し、リーマンショックが起こったころです。

店の営業が終わってから、泣く泣く従業員の子と二人きりで話しました。今すぐでなくてもいいから、もしほかのお店でいいところが見つかればそちらで働いてもらえないか？と きっと従業員の子にとっては寝耳に水の話だったと思います。今まで、そんなそぶりは見せたことがなかったからです。

それから、２ヶ月ぐらいして、従業員の子は知り合いのつてで、東京のホテルに就職することになりました。

そのときの悔しさと情けなさは、今でも脳裏に焼き付き忘れることはできません。

年収1００万円を切ったとき頭が真っ白に

順調に進んでいると思えるときほど、いろいろなことに気を配らないといけない。なぜなら、そこには大きな落とし穴が待っているかもしれないからだ。


年収が1００万円を切ったなんて信じられますか？ここでは、そんなお話をします。

あるときを境に、売り上げが上がるようになってきました。それは、何だったのか？

それは、セミナーに参加してセールスレターというものを習ったからです。

2０1０年にペンだけで30日後に行列をつくるすごい裏ワザという本を買い、その著者のコンサルティング会社のホームページを見て
「空席だらけの崖っぷち店を、わずか30日間で行列店に変身させた秘密を全5回のメールセミナーで公開しています。」

というのを見つけ、えっタダで本当に良いのと思いながらメールアドレスを登録すると、メールが送られてきました。

最初は真剣に見ていたのですが、何も、行動することはなく、ほったらかしにしていました。

その後、しばらくしてセミナーの案内が送られてくるようになりました。最初のうちは、まったく興味がなく、無視をしていたのですが、あるとき「これが最後のご案内です。」といわれ、売れるセールスレターが書けるようになればチラシ、ＰＯＰなんでも使い倒せるという言葉にひかれこのチャンスを逃したら、もう這い上がれないかも知れない。もう行くしかない。そう思ったのですが、そのセミナーは月曜日と火曜日の一泊二日で場所は東京。それで、私の店の休みが水曜日です。ということは店を閉めなくてはいけない。失われる売り上げとセミナー代金、浦佐から東京までの新幹線往復代金、合わせてざっと20万円。セミナーに出たところで、「回収するのは無理だ。」と思い諦めていました。

その後もしつこくメールが送られてきて、30人中残り10人、30人中残り2人とカウントダウンされていき、そんな状況でやっと重い腰をあげて、東京の晴海グランドホテルに1泊2日の月商に100万円上乗せするセールスレター道場というセミナーに小さな勇気を振り絞って行ったのを今でも覚えています。

リピーターの人たちが大勢いて、アウェー感をやたらと感じる中、昼の1時から翌日の12時までほとんど寝る時間もなく行われたセミナーでした。

まずは、インプットすることから始まり、実際にセールスレターを作成することまで、ほぼ23時間に近いくらい行なわれました。（ここでのセールスレターは既存客に向けたＤＭでした。）

実は、このセールスレターを私は初めからほとんど苦も無く書くことができました。

1泊2日で1つも書き上げることができない人がいる中で2つ、しかも時間にまだ余裕があったので書こうと思えば、もう1つぐらい書けたかもしれません。

しかし、私は国語が大の苦手です。高校時代、赤点かギリギリセーフか、そのはざまをいつもさまよっていました。

では、なぜ書くことができたのか？

そう、それは、私が寿司職人だからです。

この前、ある有名なコピーライターの方のメルマガに、こう書いてありました。「優秀なコピーライターは人生経験が豊富だ。」と例えば、恋愛商材のセールスレターを書くとしたら、恋愛経験が豊富な人じゃないと書くことができない。

それと同じで、まるっきり趣味が寿司屋みたいな人間ですので自分が扱っているネタなどの知識は豊富です。だから、寿司屋のことに関してだけは簡単に書くことができました。

セミナーを終え、売り上げを捨てるわけにはいかない。火曜日の夜は営業しようと思い、東京駅から新幹線に飛び乗り帰ってきました。あわてて店を開けましたが、その日の売り上げはなんとゼロ。とんでもない脱力感でした。

その後、1ヶ月ほどたった11月の中旬にセミナーで作成したＤＭを、持っていた顧客リストに発送しました。

それと同時に新聞折り込みチラシにもしました。

そうしたら11月から12月の売り上げがなんと、１００万円も上乗せすることができました。

それで、これはすごいと気を良くした私は、次の年、顧客リストにＤＭを年６回、それから新聞折り込みチラシを年３回実施しました。

簡単に売り上げは上がっていきました。

しかし、そこに落とし穴が待っていました。

習ってきたＤＭを初めて出してから1年ちょっと経った2月のある日、決算をしてもらっている商工会の人があわててとんできました。

年収が90万円しかないと。そのとき、私の頭は真っ白でした。

人通りゼロの田んぼのなかの店が月商５００万円

どんな片田舎でも、繁盛店は作れる。

たとえ、まわりに人がほとんどいない場所だとしても——


30席程度の飲食店で月商５００万円ってどんなお店を想像しますか？

１席あたり売り上げ16・６万円。そして１ヶ月25日営業として１日あたり売り上げ20万円。

客単価３，０００円の居酒屋とすれば1日66人集客しないといけません。1日あたり２回転以上させないと達成できない数字です。銀座あたりの客単価２０，０００円の超高級店の場合は10人。

客単価１０，０００円の高級店の場合はどうでしょうか？　1日20人です。

では、客単価８，０００円のちょっとした高級路線のお店だとどうでしょうか？　1日25人です。これが達成できる立地はどんなところを想像されますか？

『龍寿し』は普段も人通りがほとんどなく、冬になると雪深い田舎町に立地。

駅から近い繁華街、大型の商業施設のそばの立地、高級住宅街、観光地。それから近くに接待をやってくれるような会社がある場所、地方都市の中心部・・・。

それが寿司屋の場合はどうでしょうか?先ほどの立地に加えて海の近くのお店などでしょうか?いずれも人通りがあったり、人口そのものが多かったり。それから観光客が来る立地ではないでしょうか?


私の経営している「龍寿し」はこれらのどれにも当てはまりません。店は、現在の新潟県南魚沼市にあります。この地域は元々あった南魚沼郡と北魚沼郡の二つの郡がそれぞれ町村合併して、南魚沼市、魚沼市になりました。なぜ北魚沼郡が魚沼市になったのかといえば、答えは簡単で、南魚沼郡に何の相談もなく北魚沼郡が先に魚沼市という名前を名乗ってしまったからです。

南魚沼市は大和町、六日町、塩沢町3町が合併して現在の南魚沼市になりました。

合併当時平成17年度末の人口62,869人。11年たった平成28年度末人口57,919人と11年間で4,950人減。約8パーセントも人口が減り過疎に向かってまっしぐらです。

そして「龍寿し」は、そんな南魚沼市でも中心部に、あるわけではありません。市の中心部からは10キロ以上離れています。日中、そして夜間とも人通りはほぼゼロです。唯一、人が通るのは朝と夕方小学生が登下校のときだけです。コンビニさえも歩いて行ける範囲には1軒もありません。２０１７年9月この本を書いているときに、やっと3キロほど離れたところに1軒、ファミリーマートができました。歩いて行けるような範囲だと、以前、コンビニが何社か立地調査をしていましたが、交通量不足でコンビニ誘致には至らないようでした。

もっとも近い駅からも４キロ以上離れています。そして電車自体も一時間に1本しかあ

場所は南魚沼市の中心から10kmも離れ、人口減の地方の小さな町。

りません。だから、もちろん駅から歩いてきてもらうお客さんを相手にするなんて不可能です。バスはどうでしょうか？　実はバスも3～4時間に1本しかありません。駅からバスに乗り継いで来店なんていうのも不可能です。最も近い駅からタクシーで最速8分といったところでしょうか

店の裏手にちょっと回れば、魚沼コシヒカリの田んぼが広がり、標高1778メートルの八海山の山頂が間近に見えます。いえ、もっと踏み込んでいえば田んぼと八海山をはじめとする山しかない感じです。

店から、100メートルくらい離れた、民家の車庫にツキノワグマが出没した、なんてこともありました。近くの畑はサルに、野菜を食い荒らされたなんてこともしょっちゅうです。

100キロ以上離れた新潟市方面から初めて連れて来られるお客さんは皆さん口をそろえていわれます。

「寿司を食べに連れていくといわれたのに、どんどん山奥に連れていかれて不安になった」と。冬は、多い年で4メートル近くの雪が積もります。降雪量ではなくあくまでも積雪量です。高速道路はストップし、それに伴い国道はマヒし、上越線も運休になり、人々は過酷な除雪に追われます。1等立地、2等立地といいますが、もはやそんなレベルではありま

せん。近くに観光施設もないため、観光客もほぼゼロです。会社ですらほとんどありません。家賃タダでもいいよといわれても、「いいえ結構です。これからの人生棒に振りたくありませんから」というような立地です。

私は二代目なので、しかたなしに、ここで寿司屋をやっています。二代目じゃなかったら、もっと漁港の近いところか観光地、もしくは人口15万人以上の地方都市の繁華街に開業しています。

普通で考えれば、こだわりの高級寿司屋など成立するはずはありません。基本的に夫婦2人と夕方の営業時間だけアルバイトを使って営業している、山奥の客単価8，000円の高級寿司屋が、どうやって最高月商500万円、そして週末ともなれば200キロ離れた首都圏からお客さんが押し寄せるお店になれたのか？失敗を重ねながらなぜ「奇跡の寿司屋」と呼ばれるようになったのか？その秘密をこれからバラしていきます。

あこがれのマスヒロさんが来た

少しくらい無理をしてでも、チャンスは掴もう。
失ったチャンスは、もう二度とやって来ないかも知れないのだから

山本益博さんのような、有名な料理評論家の方に来てもらえるような、寿司屋になりたい。山の中の寿司屋じゃ無理かなと思いつつも、夢にまで見ていたことでした。

それが、ある日、実現しました。２０１６年４月30日　あの料理評論家の山本益博さんに来店していただくことができました。

ひいきにしてくださるお客さんから、電話がかかってきたのは前日の昼頃でした。「もしかしたら、明日、山本益博さんをお連れするかもしれないよ。」という内容でした。お連れできるようなら、また後で電話するとのことでその場では、電話を切ったのでした。

その後、夜になって電話をもらい、明日の14時ころお連れするとの電話でした。正直に言えば、その日は昼も夜も予約でいっぱいだったので断りたいくらいではありました。

ただ、せっかく紹介してくれた方に申し訳ないなという思いと、このチャンスを逃したら、もう二度とチャンスはやって来ないんだろうなと思い、「ありがとうございます。お待ちしております。」とお受けすることにしました。

その後、店が閉まってから、山本さんにお出しする献立を、夜中の3時過ぎまで必死に考えていました。そして、当日は、少しの時間を見つけては、頭の中でオペレーションの確認を何度も何度も繰り返していました。

でも、いざ、山本益博さんが、ご夫婦で来店され、提供しだすと、献立を紙に書いていたにも関わらず、緊張のあまり、最初から、出す順番を間違えてしまうという大失態でした。

そのことについて山本さんには最後に聞かれたので

ついに有名な料理評論家の山本益博さんが来店される店に。

すが、緊張のあまり、順番を間違えたといっていいのかもわからず、変な受け答えをしてしまいました。
山本さんには、ずいぶん、いろいろとアドバイスをしていただくことができました。
「ワサビのおろし金は、もっと大きい銅製のものを使った方がいいよ。」とか、
「お客さんに見える身の回りのものは、プラスチックやステンレス製のものは使わず、陶器のものを使いなさい。」とか
「ニシバイ貝（新潟県で獲れるバイ貝の一種）をすしネタとして使うならもっと細かく包丁を入れないとダメだよ。」とか
「このネタは、シャリとネタのバランスが悪いよ。」とか
それから、「寿司は、酢めし、つまり"飯"を食べる料理です。」と話され、「地方の寿し屋さんの酢めしにして

ヅケ
大トロ、中トロ、赤身とともに評判が高いにぎり寿司。

イクラ
山本益博さんから大いに褒められたイクラの軍艦巻。

は、かなり上等な出来栄えです。ただ、もう少し酢が効いていたほうがもっと良いです。」とおっしゃられていました。

世界レベルのアドバイスをいただけたのは、今の私の寿司職人としての財産になりました。

ただ、そんな中でも、褒めていただいたこともいっぱいあって

「私がイクラを褒めるのは、すきやばし次郎さん以外で初めてだよ。」

とも、おっしゃっていただくことができました。

それから、ヅケ、こはだ、穴子は特に褒めていただくことができました。もちろんそれはリップサービスもあるのでしょうが、私としては山本さんにお褒めいただくことは大きな自信になりました。

それと地物の八色しいたけの天恵菇《てんけいこ》という巨大しいたけを、１００度のサラダ油で75分くらいコンフィにして、

穴子
淡路島由良港産のアナゴ。明石の宮内庁御用達のお店と同じもの。

コハダ
仕事をした江戸前寿司のネタの代表、コハダも絶賛。

握りにしたものを、えらく気に入ってくれ、おかわりまでしていただいきました。こちらの経験も、寿司職人としての自信になりました。

食事の後に、店の前で一緒に写真を撮っていただき、山本さんは、「季節を変えてまた来るから」といわれてお帰りになられました。

山本さんが、お帰りになられた数日後、サライ .jpというインターネットのサイトに、記事を書いていただいたことを、テレビ局からの電話で知ることになりました。山本さんが、サライ .jpに記事を書いてくれたら、それが、あのヤフーニュースに取り上げられ、それを見た地元のテレビ局から、記事が掲載された当日の昼頃に取材をさせてほしいと電話がありました。そこで初めて、山本さんが記事を書いてくれたことを知りました。

その日は休みで、出かけ先で受けた電話だったのですが、次の日の朝に取材をさせて欲しいとのことで、かなり強引なスケジュールだなと思いながらも、その取材当日の夕方の新潟県内のニュース番組で、取り上げてもらうことができました。

山本さんの影響力は、計り知れないなと改めて思いました。

そして、その後、山本さんから教えていただいたことは、シャリの酢の味を強めたり、ワサビのおろし金を変えたりと、出来るところから改善しています。

香港の映画プロデューサー様ご来店

どんな最悪立地でも、ありえないような奇跡は起こせる。

２０１７年３月11日の土曜日には、香港の映画プロデューサー様にご来店していただきました。

３月８日水曜日休みで寝ている朝に着信があり、かけ直すと市役所の観光課の平賀さんからでした。

何でも土曜日に香港の方でお連れしたい人がいるから受けれないかという電話でした。

その日は土曜日にしては珍しくヒマな日で、これから新潟県の職員の担当者と調整をするから少し待ってほしいということで電話を切りました。

その後、正式に電話で予約があり、寿司を５かんほど出して欲しいという注文でした。

この時点ではすごく食にうるさい人だということと、あとは名前を聞いたが忘れてしまいました。

当日の来店される30分くらい前に、名前をお呼びするのに名前を憶えていないのはまずいだろうと思い、平賀さんに慌ててメールで聞くと、名前は蔡　瀾（チャイ・ラン）さんでWikipediaの左記のデータを送ってくれました。

蔡　瀾（チャイ・ラン、広東語：Choi3 Laan4，潮州語：Chùa Lāng）は、香港の映画製作者、コラムニスト、作家、美食家。日本に留学経験があり香港で多方面の事業に携わる。原籍は広東省潮州。

そして、さらにあのジャッキーチェンさんを育てた映画プロデューサーでもあり、料理の鉄人の審査員も務められていたということでした。そりゃあ、食にうるさくて当たり前です。

来店された香港映画の大物プロデューサーのチャイ・ランさん。

チャイ・ランさんがいらっしゃったときは大柄な気難しそうな人だなというのが第一印象でした。（実際にはそんなことはなく、その日の経緯を後から平賀さんから聞いて納得したのですが。）

以前、山本益博さんに来店していただいたときに失敗があったので、何をいれたらいいのか大体の察しがつきました。全部で6かんにさせてもらって、このとき組んだ献立はこうでした。

まず1かんめは、わかりやすく、インパクトがある平川水産のスペシャル箱のばふんウニでいくことにしました。チャイ・ランさんにお出しして、「このウニは、築地に出るばふんウニの中でも、最高値を付けるもので、1日多い日でも5箱しか出ない最高級のばふんウニです。」と説明しました。

案の定予測はあたりチャイ・ランさんの顔はみるみる笑顔になり、最初の1かんでハートをがっちりつかむことができました。

2かんめは、私のスペシャリティである地元の八色しいたけの天恵菇《てんけいこ》で攻めました。「天恵菇《てんけいこ》は100度のサラダ油で70分くらいコンフィにしてあります。それを握り用に

ウニ
築地で、1日で多くても5箱しかに出荷しない最高級のばふんウニ。

切り分け醤油を塗って炙って香ばしさを出しています。形も食感もアワビにそっくりに作ってあります。そしてこれは、うちでしか食べることのできない握りです。」と説明した。

　続く3かんめは、太刀魚のポワレをお出ししました。「オリーブオイルで皮目をカリカリになるまでポワレしてあります。握って上にもみじおろしにポン酢を混ぜたものをのせ、万能葱をのせてあります。フワッとした食感とカリッとした食感と香ばしさのコントラストが絶妙です。」と付け加えた。

　4かんめは、能生産のカスゴをお出しした。そのときの説明はこうでした。「100gくらいのタイの子供です。春子と書きます。砂糖、塩、酢、昆布と4段階でしめてあります。一般的な江戸前の技法だと塩と酢で2段階。多いところで昆布〆て3段階。それだとちょっとと

天恵菇
地元の八色しいたけで、オイル煮してアワビのような味わいを作った創作ずし。

んがった味になるので最初に少し砂糖でしめて4段階でしめてあります。」〆物はコハダにしようか迷いましたが、県内産を半分にはしたかったのでカスゴにしました。

5かんめは魚沼わさびの花と中トロ巻をお出ししました。そして、こう付け加えました。「今の季節に咲く魚沼ワサビの花と中トロが絶妙のコンビネーションだと思います。わさびの花単体だと辛いのですが中トロの脂が辛味を打消しいい塩梅になります。いまの季節のものとして入れました。」

最後は穴子をお出しして〆としました。「淡路島由良港のもので明石にある宮内庁御用達の穴子料理店が使うものと同じものをもらっています。」と添え、最後は、チャイ・ランさんは笑顔になられて一緒に写真を撮っていただき、上機嫌で帰っていただくことができました。

太刀魚ポワレ
洋風に、オリーブオイルで皮目をカリカリにポワレした創作ずし。

カスゴ
カスゴは新潟・能生産。味にまるみが出るよう少し砂糖で〆る。

そしてさらに8月8日にも20人のツアーで来られて「次郎さんも良いけど、60年寿司を食べてきて、いろいろな店を回って来たが、ここの店が一番おいしい。」とまで、いっていただくことができました。

外国人観光客様が大感激

今は、時代が変わった。
どんな立地でも、とびぬけてさえいれば、
外国からの観光客に、来てもらうチャンスがある。

今年は今までいなかった外国人の方が時おりぽつんぽつんといらっしゃいます。皆さん成田あたりからレンタカーに乗って来られるようです。一体どんな媒体を見てきてくれているのだろうと疑問がわきます。

日本語がしゃべれる人がいるグループの方はいいのですが、日本語がしゃべれないグループの方には、身振り手振り、そしてスマートフォンでグーグルの翻訳機能を使って、コミュニケーションをとるようにしていますが、もうこれが大変です。

あるときは、日本人の方から予約が入り「外国の方10名で伺うので予約入れておいてください。私も外国の方の代理の日本人から予約を入れておいてといわれただけなので詳しいことはよくわからないので詳しいことは後で連絡します。」といわれたきり連絡が取れなくなってしまい、あせったこともありました。

結局この方と連絡が取れたのは前日の昼過ぎで、1人8，000円～10，000円くらいでコースにしてほしいとのことでした。来ていただいてみるとまあびっくり、10人中4人が子供でした。

用意したコースは大人向けに作ってあったので、子どもの口に合ったのは毛ガニくらいで他は食べれるものはほとんどなし。コースの最初は大人が子供の分まで約2人分食べていたので、途中からはもうおなかいっぱいで食べれない。

そのときは、申し訳なさと悔しさでいっぱいでした。外国の方の仲介に、日本人が入った場合も、もっと詳しく聞かないとダメだなと、今後の教訓になりました。

そうかと思うと日本語が堪能な方もいらっしゃいます。香港からの30代くらいのご夫婦づれの方でニプキさんといい、日本語を習っている方でした。

電話でご予約いただいたときは、電話番号も教えていただいたので、まさか香港から来るなんて夢にも思いませんでした。

丁度来ていただいたときが、最初にチャイ・ランさんがいらっしゃった前日で、同じようなルートを通るようで、もしかしてチャイ・ランさんの追っかけ?と思うような方でした。

じつは、最初の印象で外国人、日本人問わずいい人そうだなと思うと、「このコースだとウニは、入らないんだけどまあいいか、サービスで入れて喜んでもらおう。」と思うことがよくあります。なんでも人柄ですね。

ニプキさんは最初から感じがいい方だったのでいろいろとサービスでお出ししました。出すもの出すものおいしいと感激してお召し上がりいただきました。

「天ぷらとかは香港で食べてもあまり味は変わりませんが、寿司だけは香港ではなく、日本で食べないと味がまるで違います。」とおっしゃられ、また来ますと新潟市に向かっていきました。

遠く外国から来てもらっているのに、こんなことといわれるとうれしくなってしまいます。かと思うとこんな日もありました。

午前11時45分に日本人から電話があり、午後1時に日本語しゃべれない外国の方3名で予約したいと。

その5分後くらいに外にでると日本人の親子らしき3人が店に入るところでした。うちは12時からです。と伝えるとアイキャンノットスピークジャパニーズといわれてしまいました。さっきの電話の人がもう来たのか？と思ったのですが、すぐにまた、さっきの日本人の人から電話があり、1時15分に今度は、あと4人は入れますか？といわれ、ああ違うグループか、ということは今日の昼は外国人だけ3組？

何なんだ、今日はと思いながら最初の3人をもてなしました。

まったく日本語がしゃべれないのでジェスチャーとスマートフォンで対応しました。ヒラメ、スミイカ、ヅケ、トロとお出ししていきお客さんのほうもボディランゲージで反応してくれる。一番反応してくれたのは「太刀魚のポワレ」。外国の方が喜んでくれるのは前からわかっていたのですが、握りこぶしに親指を立ててグーグーといったポーズで椅子に座って踊りだすくらいの勢いでした。

一通りお召し上がりいただき、私の写真を撮りたいと写真を撮られ、チップまでいただいて帰られました。

こんな山の中の農村部の寿司屋にわざわざ外国から観光客が来るなんて、良い時代になったなと思いました。

地元の接待客やお祝いごとに

自分の店の回りにはお客さんがいないと嘆く必要はない。
利用動機を絞っていけば、
小さいお店が生き残っていくくらいのお客さんは来てくれる。

私が店を手伝うようになった26年前、今から四半世紀前は本当に山の中の、カウンターは、酒とお通しだけで寿司も食べないような近所の常連さんが占領し、寿司を食べる人には「座敷に行って食え」とカウンターを牛耳っている常連さんがいうような寿司屋でした。

そして売り上げの半分くらいが出前、そしてもう半分が店売り、お客さんもせいぜい車で5分程度の距離から来店されていました。そして、今よりもずっと少ないお客さんの人数でした。

ただ、この頃は、今よりもたくさんの出前がありました。だから、全国どこの田舎の寿司屋でも商売として成り立っていました。その後、回転ずしの台頭、そしてどこのスーパーに行っても、寿司は売っている時代になりました。

出前を取ってくれていたメインのユーザーはお年寄りで車に乗れない人だったのですが、世代が変わり、若い人は車で回転寿司、そしてスーパーへ寿司を買いに行く時代になり出前は激減しています。それとまた、人口も減少しているせいか、特に10年ほど前から出前の減少は歯止めがきかない状態です。これは、私の店に限ったことではなく、全国どこでもそういう傾向だと思います。

では現在の売り上げの内訳はどうなっているでしょうか?ざっとですが、地元のお客さんが70%、県外のお客さんが25%、出前が5%といったところです。

それで地元のお客さんはどんなときに来店されていると思いますか?会社帰りでしょうか?会社が近くにないのでこれは無理ですね。ごく普通の家族の外食でしょうか?これは、客単価8，000円とすれば普通の人はちょっと厳しいですね。では、女子会、これも予算が合いません。

では、どんなときに来店されているか?答えをいいますね。接待や記念日、お祝い事、デートそれから自分自身にごほうびをあげたいときなどです。

お店から半径1キロ圏内には現在1，500人くらいしかいませんから、歩いて来店されている方はほぼ皆無です。地元のお客さんが来店してくれる範囲は車で40分圏内距離にして30キロ圏内です。これ、一般的に考えたら地元ではないですね。

あるお客さんは会社の接待でやって来られます。接待を成功させて、会社の業績を向上させるのが目的ですから、これにはお客さんの会社の命運がかかっています。お出しするものの内容は任されることがほとんどですが、接待されるお客さんが県外の人であれば、地元のもの、県内産のものを中心にお出ししていきます。

接待されるお客さんが県内の人であれば、仕入れられるネタの中で最高のものをお出しするようにしています。そして、あっとびっくりされて印象に残るものを1、2品は入れるように、心がけています。

夏の場合は、地元のナスを素揚げにして皮をむき握りにして、穴子のタレを塗ると見た目が穴子そっくりになります。それと本物の穴子の握りを食べ比べてもらいます。黙ってナスの握りをお出しすれば、穴子だと思って食べる人もいて、あとから出てきた穴子の握りに目を丸くする人もいらっしゃいます。

どうやったら、接待されるお客さんが喜んでくれて、接待するお客さんの会社の業績アップに貢献できるか考えていきます。

お祝い事でもよくご利用されます。家族の誕生日、結婚記念日、母の日や父の日、合格祝い、退職祝い、還暦

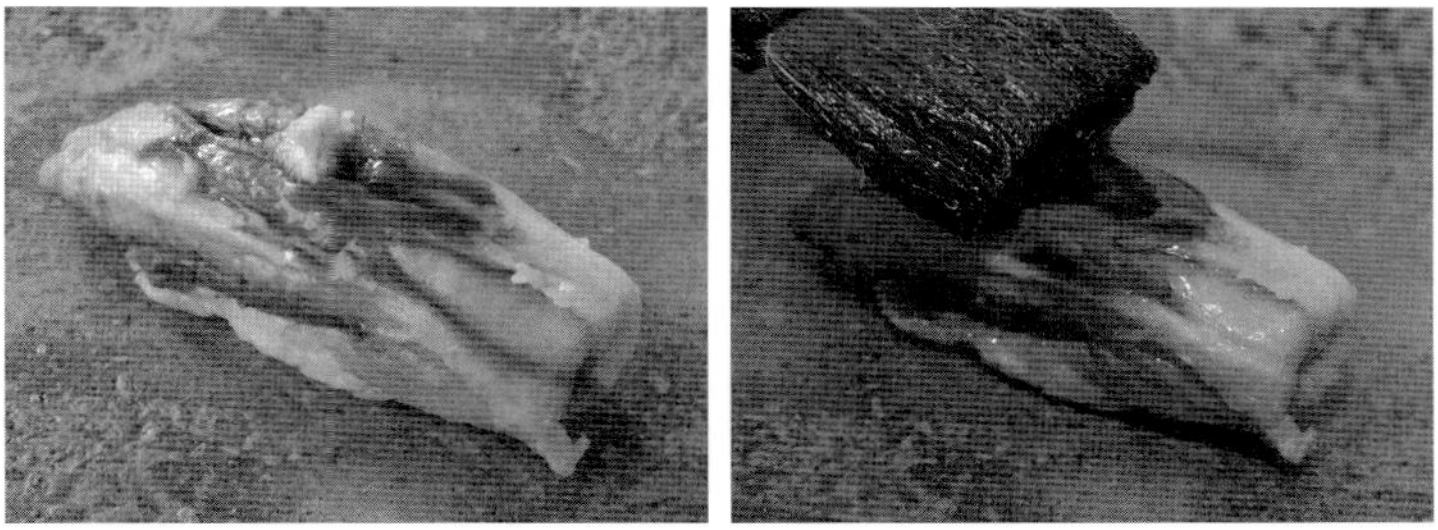

ナスのにぎり
素揚げしたナスの皮をむき、タレを塗って穴子もどきの創作ずしに。

のお祝い、88歳のお祝いなどです。

ＮＨＫ文化調査部のデータ「日本人の好きなもの」２００８年によれば、73％の人が〝寿司〟が好きと回答しています。約４人に３人が〝寿司〟が好きと答えています。このようなデータからも、お祝いの席や人が集まるところでは寿司屋は使い勝手がいいのだと思います。

それから企業の宴会でも使われます。宴会といっても、大人数でどんちゃん騒ぎの会ではなく、せいぜい10人くらいまでの会で、コース料理を予約していただき、ゆっくりと食を楽しむ会がほとんどです。

発信するメッセージによって集まってくれるお客さんは変わってくるので、自分と気の合うお客さんに来てもらうようにメッセージを投げかけています。

第二章
間違いだらけのマーケティング
（うまくいかなかった理由がわかった！）

コンサルタントの先生のいわれるままにやった広告

新規客と既存客ではそもそも思考が違う。
既存客向けのメッセージでは、新規客の重い腰を上げることはできない。

2010年ころの私は、新規客が欲しいとばかり考えていました。そして、初めてセミナーに参加したのも、このころです。

最初にセミナーに参加した最大の理由は「売れるセールスレターが書ければPOP、チラシなんでも使い倒せる」という、セミナーの募集のメールにひかれたからです。この「チラシにも使い倒せる」という言葉が、私の心に刺さりました。

当時、既存客にリピートしてもらうことなどは頭になく、新規客の集客ということばかりに、興味がありました。それで、セールスレター道場という1泊2日のセミナーに8万円もの高額な費用と、セミナーのために店を休んで捨てる1日の売り上げ、そして店を休んでいるところに来てくれたお客さんに迷惑をかけることによる、お客さんからの信頼を捨ててまで、参加することにしました。

既存客にアプローチする、なんてことはまったく考えていなくて、新規客を集客しない限り売り上げは上がらないと思い込んでいました。そのため、新規客に来店してもらうノウハウや方法が知りたかったからです。既存客にアプローチすることで売り上げが上がるなんて、これっぽっちも、頭の中で1ミリも考えていませんでした。

セミナーで習った既存客向けのDMと同じ内容のものを、A4の用紙に裏表に印刷して、新聞折り込みチラシとして1年で3回　約4ヶ月に1回、1回2万部ほどを、少しでも経費を節約しようと思い、印刷ができたものを、自分で仕分けて、新聞店に持ち込んで店から車で30分圏内にばらまいていました。

かかる費用は1回に折り込みチラシ分だけで約15万円でした。それと同時にDMでも郵送していたので、17万円ほどの経費をかけていました。両方合わせると合計で32万円ほどかけていたことになります。

そのおかげで、売り上げ自体は順調に上がっていきました。新聞折り込みチラシだけを見てきてくれたというお客さんは、ほとんど0に等しく、うちからのDMが届いているお客さんが、DMを見て、さらに同じ内容の新聞折り込みチラシを見ているという感じでした。はっきりいってしまえば、新聞折り込みチラシなど全く、やる必要がなく、DMだけで充分だったということです。それまでにかけた、広告費を全てドブに捨てたようなものです。

ずいぶん、高い授業料、それから精神的苦痛でした。

コンサルタントの先生も、「新規集客は、既存客にリピートしてもらうコストの何倍もコストがかかる。まずは、既存客にアプローチしてそこで、稼いだお金を新規客の獲得に使いなさい。」と教えられていたので、当時の私には新規集客はまだまだ、早すぎるということだったのかもしれません。

このときは、何で新規客を集客できないんだろう？料理写真がおいしそうに見えなくて悪いのだろうか？それとも、地元の人にしては価格設定が高すぎるのだろうか？それとも、打ち出すメッセージが悪いんだろうか？それとも、私の顔写真が日本人離れした東南アジア系の顔で寿司屋のオヤジとしては不評なのか？考えれば考えるほど、頭の中をグルグル回っても、答えがわかりませんでした。

ひとつ、わかったことは、「既存客向けの売れるセールスレターが書けるようになっても、それは、新規集客用のチラシには使い倒すことができない」という現実でした。

はっきりとした理由は、後々わかるようになるのですが、この当時はここまでしか、わかりませんでした。新規客を集客できなかった理由は、第4章で詳しくお話していきます。

これを機に、新規集客チラシを出すのが、トラウマのように、とても怖くなってしまいました。その後は、3年間くらい新規集客のチラシは出すことができませんでした。

何が売れるかさっぱりわからず迷走

お客さんが何を求めているか知ることができれば、簡単に売れていく

あなたのお店のお客さんに、売れる商品を常に把握していますか？

私は、ＤＭを出し始めた最初のころは何が売れるかさっぱりわかりませんでした。もちろん、本を見たり、ネットで調べたりしましたが、けっこう売れるときと、いやまったく、さっぱり売れないときとありました。

なぜそうだったのか？ひとつの理由が、顧客リストは１４００件ほどＤＭを出し始めたときに持っていたのですが、集め始めたのが、その５～６年前、その上に、その当時とリストを集め始めたときの顧客の層がまったく変わっていて、お客さんの層が絞り込まれていなかったのが原因でした。

顧客リストを集め始めたときは、リニューアルしたばかりのときで、若者を取り込もうとして寿司ダイニングにしていたので、そのころの顧客リストは、若い人、比較的客単価が低い人が多く、ちょっとおしゃれな居酒屋的な料理を好み、最後に寿司をちょっとだけつまむくらいの人のリストが集まっていました。

それから直近に近づくにつれ、寿司ダイニングからこだわっていいものを売ろうと、リニューアル前と同じように軌道修正してきたので、寿司が好きで遠くからでも食べに来てくれる人、それから寿司を含んだ料理の単価が高い人の顧客リストが集まっていました。

つまり、簡単にいうと、2つのお店の顧客リストがひとつになっていたような、普通では考えられないリストの構成になっていたのです。

5，000円くらいのコースでDMを出せば、客単価の高いほうのお客さんが反応してくれるので、80万円くらいの売り上げになりました。毎回、コースだけだとダメだと思い、ノドグロの握り1かん500円を100円とDMを出してもほとんど売り上げにはつながらず、ひどいときは、経費17万円をかけてDMを送付しても、売り上げが23万円にしかならないときもありました。

食材の原価が45％くらいかかっていましたから、23万円の売り上げ中、原価が103，500円、粗利が126，500円、DMの送付経費が17万円ですから、ほかの人件費や、光熱費をゼロと仮定しても、1回のDMで43，500円の大赤字になっていたことになります。

もちろん、この中には私が費やした時間や労力は含まれていません。

私が費やした時間を、時給換算すればもっと、もっと赤字は大きくなります。

80万円くらい売れたと思えば、大幅な赤字になり、そのスリル感は、まるでジェットコースターに乗っているかのようなハラハラドキドキ感でした。

そして、2つ目の理由は、自分のエゴをお客さんに押し付けていたことでした。料理人や寿司職人は、自分の好きな料理、じぶんの好きな握り寿しばかりを売ろうとする傾向にあると思います。寿司職人である私の場合であれば、どうしても、コハダや穴子など俗にいう、「仕事をしたネタ」に思い入れが強く、そういったものを食べてもらいたいと思ってしまいます。ただ、ごく一般的に見たら、コハダよりも、例えば青森県大間のマグロの大トロを食べたいという人が大多数をしめると思います。良いもの、おいしいものをつくりさえすれば売れるということはまったくなく、お客さんが求めている商品であったり、提供方法が合致しないと売れるということはありませんでした。

何を売ればいいのか?それをコースで提供するのか?それとも握り寿司を単品で提供するのか?それとも料理を単品で提供するのか?この当時は何が売れるかわからず、迷走していました。

今は、個人の顧客リストにDMを送付すれば、経費約8万円のDMで、売り上げ150万~180万円ほどになります。ここ5年ほどでDMを送付して、そこからの売り上げが100万円を切ったことは、一度もありません。

タイムマシーンに乗って二ヶ月後に先回りして、結果を予測してみている感じです。数年前の、何が売れるかわからず、もがいていたころからすれば、今は夢のような状態です。

産地直送で食材を仕入れるときの失敗談

取引業者とは信頼関係がすべて
信頼関係さえあれば、力強い味方になってくれる。

寿司屋の仕入れって、どこでしていると思いますか？

地元の市場でしょうか？それとも築地市場でしょうか？おそらく大多数の方の脳裏に、こんなことが思い浮かんだのではないでしょうか？そして、おそらく産地直送で仕入れをやっているところは、大手チェーン店か、寿司屋ではないにしても大手居酒屋かスーパーぐらいじゃないのと思ったと思います。そして、ど田舎の山の中にある寿司屋がまさか、市場をほとんど通さず、産地直送で、すしネタを調達しているなんて考えもしなかったと思います。

でも、「龍寿し」ではなんと、使っているすしネタの半分以上を地方から、産地直送で仕入れています。かといって、けして大きい寿司屋ではありません。私たち夫婦とアルバイトでやっている、夜の営業時に最大でお客さんを22人から24人ぐらい受け入れれば、寿司の握り手のキャパオーバーになるくらいの寿司屋です。

では、どのくらいのものを産地直送で仕入れているか？

北海道のばふんウニに始まり、青森からはマグロやムラサキウニそれからばふんウニを、そして、仙台の業者さんからは、今や「幻の赤貝」とまでいわれる宮城県名取市の閖上《ゆりあげ》の赤貝を仕入れています。西に行けば、兵庫県の淡路島からタイやマダコ、そして穴子などを仕入れています。

そして、新潟県内は3か所の業者さんで合計7か所か

大間のマグロずし

信頼関係を築いた結果、青森の仕入れ先から高級なマグロも手に入いる。

ら産地直送で仕入れています。県内の3か所のひとつは、新潟市の漁協のセリ場に入っている業者、そしてもうひとつが佐渡ヶ島の島内のセリ場に入っている業者、最後に新潟県でも一番南のほう、富山よりの能生漁港の業者さんから仕入れています。

では、同じ新潟県でなぜ3か所も取り寄せているのか?それは、新潟県は海岸線が長く、漁港によって、獲れる魚が微妙に違うからです。そして、これは季節によっても変わります。それと、漁港により同じ魚種でも珍重する魚が違い、相場がまるで違うからなのです。

ひとつ例をあげると、佐渡ヶ島、新潟市、そして能生この3つの漁港から取り寄せているもので、「ニシバイガイ」というバイガイの1種があります。新潟県だと、煮つけたものに爪楊枝をさして、お通しに出てくるあの貝の仲間ですね。実は、この貝は仕入れる漁港によって、値段に天と地ほどの開きが出てきます。使い始めた最初のころは、新潟市からとっていたのですが、新潟市の漁港は、しけたりすると、セリ場に出ている数が少なく、入っている業者の数も3つの漁港の中では一番多いので、なかば奪い合いになります。

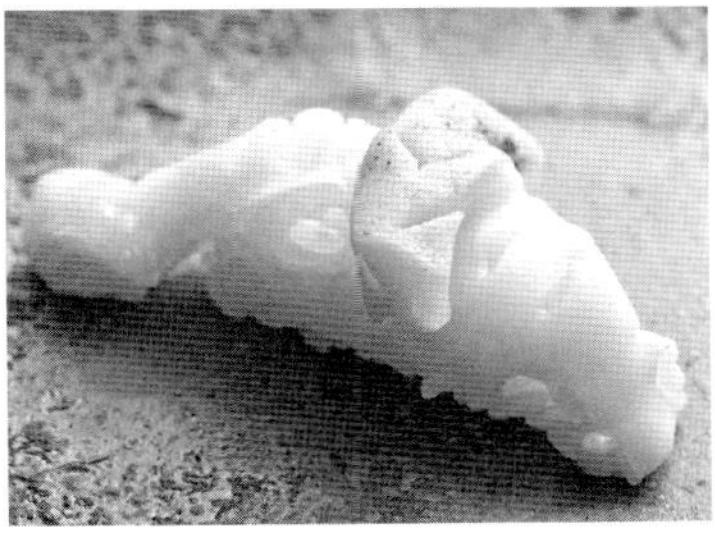

ニシバイガイ
新潟名物の貝。佐渡ヶ島、新潟市、能生の3つの漁港から取り寄せる。

そして値段も天井知らずになってしまいます。マックスでどの位いくかというと、銀座で食べれば1かん2，000円以上もする、閖上の赤貝よりも高くなります。最初知らないときは、新潟市漁協の業者からとっていたので、その日の値段にハラハラドキドキでした。

今は、佐渡ヶ島と能生を中心に仕入れているのである程度、仕入れ値は安定しています。そして、面白いことに、佐渡ヶ島が新潟市の3分の2、そして能生が新潟市の約半分の値段で入ります。

ではなぜ、産地直送で仕入れ始めたか？ひとつは良いものを使いたいという私自身の寿司職人としてのエゴです。そして、もうひとつが山の中の魚沼という地で、地元の人にたとえ1年1回でも良いので「手の届く範囲で最高の寿司を食べてもらいたい」という夢からです。

産地直送で仕入れ始めて、もう20年くらいたちますが、失敗は多々ありました。

一番恐いのは、渋滞や雪や事故で着荷が遅れる。こうなると、もし仮に昼の予約があっても使うことができない。何とか代用品を見つけて対応しないといけない。さすがに、こういうときは、お客さんに迷惑をかけないように採算なんか度外視して、いつも以上にいいネタを回して必死に対応します。

それから、痩せていればいらないといっても、こっちの求めているクオリティに達していない魚が入ってくることもあります。ただ、こっちは、お客さんの信頼を裏切ることはできないので、まかないに回すことしかできなくなってしまいます。

もっとひどい業者さんになると、注文していないものまで入れて送ってきます。さすがに、何回もこういうことが続くとその業者さんとは付き合わなくなります。

業界の成功事例にあこがれた

立地条件も違えば、客単価も、そこに集まるお客さんも違う。
そして、あなたのお店が繁盛する正解も違う。

あなたが、思い浮かぶ寿司屋ってどこでしょうか?行ってみたいあこがれの寿司屋ってどこでしょうか?

東京だと有名どころで、すきやばし次郎さん、銀座久兵衛さんあたりでしょうか?私もすきやばし次郎さんや銀座久兵衛さんなどカウンター席だけの高級店にあこがれました。

カウンターで握りのおまかせだけで評価される寿司屋になりたい。銀座の高級店のような上質な寿司ネタをそろえておいて、カウンターに座り粋に寿司だけを食べてサッと帰っていく。そんなお客さんを呼び込みたい。以前はそう思っていました。新潟県の都市部でもない、山の中のなんのとりえもない、コネもない、ただのど田舎の農村地帯の寿司屋のオヤジがです。

有名店で修業したわけではないので、本の情報や東京の有名店などに食べ歩き、教えていただいたことを頼りに独学で寿司を研究していきました。シャリを研究しているときは、寝る間も惜しんで考えていました。すみません、ウソでした。正確には、寝ているときも、夢にまでてくるほど考えていました。ハッと目が覚めるとシャリの夢を見ていた、なんてことが数回ありました。

今でも、ほぼ四六時中、寿司のことばかり考えています。それで、妻とはしょっちゅうケンカになります。「休みの日や休み時間も、あなたといると、いつも仕事をしているようで、リラックスできない。」と

昔は、おいしいものさえ提供すれば、自然と口コミでお客さんは集まってくる。そうかたくなに信じていました。東京や地方都市など人口があるところであれば、それは正解だったかもしれません。でも、今の成熟しきった飲食市場を考えれば、東京や地方都市でも不正解なのかも知れません。ましてや、八海山の麓の山里では、おいしいものさえ提供すれば、自然と口コミでお客さんは集まってくるなんていうことは、はかない幻想にすぎませんでした。何年も何年もかかって、そのことに気づきました。

その後、マーケティングを勉強し始めました。そして、ふつふつと妄想が湧いてきました。マーケティングを覚えれば、なんでも売れるようになるんじゃないか？カウンターで寿司だけで勝負できる店になれるんじゃないか？夢に一歩近づくことができる。そう思って意気揚々と顧客リスト１４００件にＤＭを送付しました。

席はカウンター席限定にして、握り寿司のおまかせ12かんのコースをDMで、案内しました。しかし、あえなく、成果という成果はまったくなし。またしても、淡い夢は、木っ端みじんに砕け散りました。

そのとき、経費17万円かけたにも関わらず売り上げは、たったの23万円でした。原価を差し引けば完全な大赤字です。

ただ、私は、結構しつこい性格です。それでも4ヶ月後にはもう一度チャレンジしました。それでも、また撃沈。ここでも、当然のごとく大赤字です。

それでも、浸透させるには時間が必要だ。もっと結果が出るまでやる。なんとしてもお客さんを握りだけで呼び込む。と心に決めていました。

そのころ、あるセミナーに参加したときにコンサルタントの先生に強い口調でいわれました。「佐藤さん、2回やってまったく結果がでなければ、次やっても無駄だよ」と

元々、カウンターで寿司をメインに食べる人がほとんどいない土地柄です。お客さんがそれを求めていないことに気づかされました。

マーケティングは、魔法ではないのです。欲しいお客さんが、いない商品は売れないとい

うことを勉強しました。

そして、業界の成功事例にあこがれるばかりではだめで、立地条件も違えば、価格設定も違う。そもそも、そこに集まるお客さんも違う。自分の店にあった正解を見つけなければ、いけないということを気づかされました。

高額のお金を業者に払って SEO対策をやったけど、1円の成果もなし

あなたのお店の新規客の流入経路を見よう。

ほとんど新規客が流入していないところは、お金をかけたところで集客は難しい。

2012年にホームページを作りました。かかった費用は25万円、そして月々の管理費が10，800円。それに加えて、ホームページを作成するのに使用する写真を、東京からカメラマンを呼び、撮ってもらう費用が約10万円。ここで200枚ほどの写真を撮ってもらい、ホームページを制作しました。

「売れるホームページがあれば、24時間365日インターネット上に設置した、自動販売機のように、毎月毎月売り上げがほったらかしで、上がっていく。」こんなホームページ製作会社のセールスレターだったと思います。

ホームページ製作会社が見せてきた飲食店の実績は、横浜の小規模な居酒屋がほぼ、ほったらかし状態のホームページで、月々の広告費もたったの2，000円前後、そしてそこからの売り上げが毎月20万円上がっているというものでした。

横浜の少し、田舎寄りのほうであれば、うちの店との立地条件を考えても、まあ、話半分としても1ヶ月10万円くらいの売り上げにはなるんじゃないか？そう考えると、1年もあればホームページを作っても、元がとれるんじゃないか？そう思って製作することにしました。

ホームページが完成し、インターネット上にアップされました。そしてホームページの製作会社に教えてもらったＰＰＣ広告（閲覧者がクリックすると課金されるインターネット上の広告）をやってみたが即効的な効果はまったくなし。半分恐れていたことですが、検索ワードを絞り込むと田舎だから検索数自体がほとんどない。広告すらもかけようがないことが判明しました。かといって、広範囲に広告をかけて、今度はクリック数が多くなっても、クリック数分だけ課金されるだけで、来店にはほとんどつながりそうにない。

ヤバい、ヤバい、高額なお金をかけたのに、もう顔が真っ青です。ホームページを作った費用が回収できない。グルグルと頭の中をよぎりました。気にし出すとそのことばかりが頭にこびりついてしまいます。そして効果が出ずにあせっていました。

そんなときに、タイミング良くというか悪くというか、ある日ＳＥＯ業者から電話がかかってきました。ホームページを拝見し、良いホームページだから、ＳＥＯで上位表示されれば売り上げには上がります。「新潟　寿司」「寿司　新潟」で上位表示されるようにＳＥＯ対策しませんか？という内容でした。

迷いに迷いました。申し込み期限までに結論は出せずにいると、もう2日期限を延ばしてもらうように上司に交渉してみます。ということで、さらに悩みました。

やってみれば売り上げは上がるんじゃないか？少なからず自信はありました。なぜ、ここでそんな風に思ったのでしょうか？

実は前々年に雑誌るるぶ新潟・佐渡に、たまたま取り上げられただけで4月から12月まで毎月売り上げが10万円ほど上がったからです。

このときは、新潟の寿司として取り上げられました。別に南魚沼市の寿司として取り上げられているわけではないので検索数さえ増えれば集客できると思ったのです。

検索数さえ増えて、広告費が一定であれば、ガンガンとクリックしてもらえれば、るるぶのときの売り上げは最低でもいく。一発逆転をかけて、1年間で税抜き36万円　消費税込みで378，000円という高額な費用をかけて、SEO対策を申し込むことにしました。

しばらくすると、「新潟　寿司」「寿司　新潟」で検索すると上位表示されるようになりました。最高で検索順位1位までいきました。

ですが、まったく効果はありません。ホームページを見てきてくれたという、お客さんに、何というキーワードで検索しましたか？と可能な限り聞きました。が、誰一人として、「新潟　寿司」「寿司　新潟」で検索してホームページにたどり着いてくれたお客さんに巡り合うことはできませんでした。

そして、1年後には検索順位は落ちて、結局1円も成果を感じることができませんでした。

今度は自力でネット集客に、挑戦してみたけどまたしても撃沈

集客媒体はインターネットだけではない。
自店に合わないインターネット集客に、無理に固執することなど、まったくない。

4年ほど前に、ブログシステムとフェイスブック、それからホームページを連動させ、

ホームページに集客するというシステムを、10万円くらいで買いました。

どういうものだったかといえば、ブログシステムで、まずブログにターゲットとするお客さんが、好きそうな情報の記事を書いていきます。そして、それをフェイスブックにも、掲載していきます。ブログとフェイスブックの両方からホームページに誘導する、といったものでした。

それから、ブログシステムをホームページ上に埋め込んでいるため、ホームページも更新され、ページ数も増えてSEOの順位も自然と上がってくるというものでした。

実際に、デモンストレーションでやっていたインターネットでのセールス動画は、日を追うごとにアクセス数が増えてきます。

それを見ていて、今度こそ、インターネットを使った集客に成功できるんじゃないか？そのときの私は、目の前に人参をぶら下げられた、馬のような状態だったと思います。それほどまでに、あせって飛びつきました。

ホームページに毎月5000回以上のアクセスを集めることが、できれば、今度こそは集客に使えるだろう。そのうちの1％の人が来たらえらいことになる。1％で50人。いや、これはすごいなぁと。

それも、地元の人もさることながら首都圏からのお客さんも取り込むことができる。わくわくしながら準備し始めました。

まず、ターゲットとする人を東京駅から1時間30分、片道7，500円の新幹線代をかけて新幹線に乗ってきて、浦佐で降りてタクシー料金を片道2，500円払い、客単価8，000円くらいで、寿司をコース仕立てで食べてくれる人。

200キロ離れた首都圏から高速道路を使って、客単価8，000円くらいですしをコース仕立てで食べてくれる人。

寿司マニア

寿司に対して強い欲求を持った富裕層。

湯沢、新潟、魚沼の観光客で寿司をコースで食べてくれる人

旅行業者

地元の宴会、忘年会、新年会、歓送迎会、結納、法事のお客さん

対象年齢30代～60代くらい

と設定しました。

では、その人が好きそうな、コンテンツは何だろう?と考えた末、寿司屋の裏側の仕込み

の様子を見せれば、ターゲットとする人が興味をもってもらえるんじゃないか?ということでフェイスブックのタイトルを「あなたの知らない寿司屋の裏側すべてバラします。龍寿し」にして、説明のビデオを見て、勉強し、スタートしました。

フェイスブックすらやったことがなかったので、まずはそこからつまづきました。フェイスブックの投稿の仕方すらわかりません。最初のうちは、間違った投稿もしてしまいました。

仕込みの最中に、「なに、くだらない事やっているの」と妻には怒られながら、スマフォで写真を撮り、仕込み中の生臭い手でスマフォをさわるもんだから、スマフォ自体も生臭くなって、また妻に怒られながら悪戦苦闘です。それをパソコンに取り込み、毎日ブログの記事を書いて、それをフェイスブックにも貼り付けます。そして、それを時間設定して、フェイスブックにアップしていきました。

それを3ヶ月間みっちりやりました。が、悲しいことにまったく集客できませんでした。ホームページのアクセス数すら1ヶ月100回いったことなんてありませんでした。

ホームページを制作して、5年ほどたちますが、5年間かけてホームページ、それから写真、月々のサーバー管理費、ＳＥＯ対策、広告のかけ方の教材費、システム代等インターネット集客に投資していた分が、やっと今になって回収できた感じです。

今だからわかりますが、別にインターネット集客にこだわる必要がなかったのです。本来の集客目的からすれば、本末転倒。本来の目的は、自分とフィーリングの合うお客さんに来てもらって、喜んでもらえれば、それだけで良かったのです。

恋は盲目といいますが、集客に対して盲目になっていた時期でした。

第三章

私はこうして繁盛店を作った
その立て直しの「戦略」

一番の生命線
絶対的な商品力を手に入れる

インターネットや宅配便が発達した今の時代に、市場流通だけに頼るなんて古すぎる。いい魚は全国にあるのだから。

すしネタの品質には、絶対の自信があります。こんな、山の中の寿司屋にも関わらずです。それは、どうしてでしょうか?

それは、前章でも、お話したように、かなりのネタを産地直送で、仕入れているからです。

まず、本当に良い魚をできるだけ安く仕入れられるか、どうか?寿司屋の場合、それで7割から8割がた商品力が決まってしまいます。

銀座の超高級店以上の味を、山の中で提供したい。いつも、そう思って行動していました。

仕入れる魚を、ふだんからリサーチするため、だいたい、寿司に関連がある本は、みんな買ってきます。それで、例えば、マグロであれば、どこの産地が良いとか、タイであればどことか、日頃からリサーチしていくわけです。

それと同時に、インターネットでリサーチしていきます。インターネット上で、業務店向け、個人向け問わず、探していきます。

リサーチした中で、一番最良の産地から仕入れることができないか？交渉していきます。カッコイイように書きましたが、実はただ、電話番号を見つけて電話するだけです。そして、新潟県で、寿司屋をしていることを伝えます。これだけです。

そうすると、ほとんどのところが、ホームページ上では、個人向けの商品しか扱っていなくても、業務用の価格で卸してくれます。

今の時代、宅配便が発達しているので、山の中にいても鮮度で劣るなんてことは、ありえません。もちろん、距離にも関係してくるので、一概にはいえませんが、新潟県だと、西のほうは淡路島あたりまで、夕方7時に発送して、よく日の朝8時には宅急便の営業所で受け取ることができます。

そして、淡路島由良港の場合は活魚を扱うのがメインの漁港のため、前日の夕方5時に〆て、血抜きをし、神経を抜きます。神経を抜くことによって死後硬直を遅らせることができます。それから発送するため、よく日受け取った直後は、まだ身が死後硬直する前の活《い》かった状態です。さばいて、食べればまだ身がプリップリです。

これが、近場の漁港であっても、活魚を扱っていない漁港だとこうはいきません。新潟県内は、ほとんどが野締めといって、船で氷の上にとった魚をのせて自然死させます。血抜きもしていなければ、神経も抜いていません。

山の中の寿司屋のほうが、魚の扱いの下手な漁港のそばの寿司屋より鮮度が良いなんていう、常識的に考えたら面白い現象がおきてきます。

インターネットで検索しても、仕入れられる業者が見つからない場合もあります。20年ほど前に宮城県の閖上《ゆりあげ》の赤貝を仕入れようとしたときがそうでした。その当時は、インターネット通販で、閖上の赤貝を、扱っているところがどこにもなかったのです。

それから、本で探してもどこにもなかったのです。ただ、あった情報は、閖上の赤貝は、日本一ということだけでした。

そんなときは、一体どうしたのか？

まず、インターネット上のタウンページで、閖上漁協を調べました。そして、電話をかけ「新潟県で寿司屋をしているものです。どこか、閖上の赤貝を卸してくれるところはないでしょうか？」と尋ねたのです。電話の向こうで、女性の話声で○○さんところが良いんじゃないということで、１軒のおじいちゃんおばあちゃんがやっている仲買さんを紹介してもらうことができました。

そして、そのあとそちらに電話して、取引がスタートしたのです。そこからは、東北大震災の前年の12月まで、送ってもらいました。

赤貝はすごく良かったのですが、きっとお金にルーズだったのでしょう。催促しても、なかなか請求書が入ってこない。10年以上のお付き合いでしたが、結局最後は音信不通になり、最後、数回分の請求書は今でももらえていません。そして残念なことに、お世話になった方に代金を払うことすらできません。

食への思いと情熱を顧客に伝えた

どんなにおいしく価値のあるものでも、お客さんが認知していないものは、伝えなければ価値はわからない。そして、食べてもらえない。だから、お客さんのためにも伝えよう。

おいしいものを提供したい。その思いだけは人一倍ありました。ただ、私には一流店で修業経験もありません。そして、東京の練馬のごく普通の寿司屋から、わずか10ヶ月で逃げ帰ってきたにもかかわらずです。

でも、逆にそれが、良かったのかもしれません。修行先の流儀に沿う必要もなければ、山の中だからいい魚が入らないとも、ありきたりの仕入れルートが、当然だと思うこともなかったからです。

仕込みの方法も、いつも疑問があり、これがベストだと、思うこともなかったので、柔軟に新しいことに取り組んでいくことができました。

冷凍することも、悪いことだと思っていませんし、逆にひとつの調理法だと思っています。冷凍することで、細胞を壊す効果があるので、水ダコを柔らか煮にするときなどに、活用することができます。

カウンター席のお客さんには、私の食への思いやこだわり、メニューの開発秘話や苦労話などを直接話すこともできるのですが、テーブル席のお客さんとは、なかなかみっちりと話をすることができません。そういうときはあらかじめ、お客さんに、住所と名前を教えてもらって、DMを使いお客さんに共感してもらえるように、ストーリーだてて伝えていきました。悪い言い方をすれば、お客さんを、私好みに洗脳していったという方が良いかもしれません。

例えば、ハマグリのことをDMを使ってお伝えしていくときは、こんな感じです。

煮ハマグリの握りを食べたことがありますか？

江戸前寿司で大切なことはネタに「手間をかける」こと。メる。漬る。煮る。そんな手間をかける江戸前寿司の極みが「煮ハマグリ」です。

まず殻をむき、茹で、さばき、漬け込みます。そして握り、ツメ（穴子の甘ダレ）をひと塗りしてお客様の目の前へ。

手間とひまをじっくりかけて、ようやくお客様に提供できるようになります。そんな「煮ハマ」は小さな芸術作品ともいわれます。

仕込みの難しさは1、2を争います。ハマグリを軟らかく仕込むには「経験が必要」といわれ、「職人の腕の見せ所」「煮ハマを食べれば腕が分かる」とまでいわれる寿司ネタです。

実は、私は煮ハマグリの寿司を修行先で習って来なかったのです。それゆえに、作り方を知らなかったのです。意外なことに、すしの技術教本で探したり、ネットで探しても、詳しい作り方が出ていないのです。

ある日、Tさんというお客さんにいわれました。煮ハマグリの握りを作ってもらえないかと。このとき、私は、きっぱりと断りました。「できません」と。実は、数年前にチャレンジしてうまくいかなかったのです。

その後、数日たって、何とかTさんの要望に応えたいという思いがこみ上げてきました。

ハマグリは国産と外国産では、味や身の柔らかさがまるで違います。正確には種類そのものが違います。そして、日本で流通しているハマグリの9割が外国産、たったの1割が国産といわれています。

それから、新潟県では、90%以上の寿司屋で煮ハマグリをやっていません。そのため、地元の市場では、国産のハマグリを年に数度しか見ることがありませんでした。まず、1番先にやらなければならなかったことは、仕入れ先を探すことでした。

最初に、地元の市場の人に、築地から入れてもらいました。千葉産の100gサイズで握りにしてちょうどいい大きさのものです。モノは良いのだろうけれど、仕入れが少し厄介だという印象でした。
次に、長岡の仕入れ先に聞いてみると、常時、千葉産の１００gくらいのものを扱っているとの回答でした。これなら、仕入れもうまくいきそうだとスタートをきることができました。

数年前に、「ハマムキ」という、ハマグリ専用の殻をむく道具は買ってあったので、殻をむくことは、すぐにできました。
しかし、そこから先の、茹でて、開いて、漬け込むがまったくわかりませんでした。前に行った、東京の寿司屋さんから、水から茹ではじめ、手を入れ、手を入れていられなくなったら火の通りが丁度良くなる、という方法を教わったことがあったので、試してみると見事に失敗。中がまるで生でした。

ハマグリは、火を入れすぎると硬くなり、浅すぎると食中毒の恐れもあります。温度を計ってみると、けっこう低いことに気づきました。

その後、ネットで動物性たんぱく質の特性を調べました。動物性タンパク質は、60℃を過ぎると凝固し始め、加熱状態となり、68℃を過ぎると収縮が急に進み食感の堅い、ぱさつきやすい温度帯へと移行し始めることがわかりました。

そこから、60℃～68℃でじっくりと時間をかけて、茹でればいいことを思いつきました。そして、今までのどこの寿司屋もおそらくやったことのない、革新的な仕込み法を開発できました。

次に、開き方ですが、これもまったくわかりませんでした。他の貝に同じ開き方のものがないのです。何十個と失敗を繰り返していました。

そしてあるとき、テレビ番組で銀座の寿司屋さんのハマグリの仕込み風景が放送されていたので、それを見て解決することができました。

漬け込む煮汁の味付けは、濃いもの、薄めのものを試行錯誤して味を決めていきました。

ハマグリを漬け汁からあげて、水分を拭き取りわさびはつけずに握ります。そしてツメ（穴子の甘いタレ）を少し塗りお客さんにお出しします。

口に含むと、ジューシーで、甘辛い味と、サクサクと歯が入る、その肉質の柔らかさ、そしてあふれるハマグリの風味に驚かれることと思います。

どうです、煮ハマグリの握り食べたくなりましたか？

お客様のニーズを見つける方法

常にお客さんの共通点を見つけて、願望や悩みを把握しよう。
そこに、お客さんのニーズが隠されている。

寿司屋に来てくれているお客さんは、何を求めてきているでしょうか？

もちろん、寿司屋ですから、おいしい寿司を食べたいと、思っているのは間違いありません。ただ、お客さんは、それだけを求めて、寿司屋に来ていないというのも事実です。以前は、味さえ良ければ、寿司屋は繁盛すると思っていました。それで、味だけを追求していきました。でも、味だけ良くして、商品の説明ばかりしても、お客さんの心にメッセージが響かないのです。

飲食店ですから、ダントツに味が良いのは当たり前で、それ以上の価値を提供しないともはや集客できない時代になってきています。

では、どうしたらお客さんが、本当に求めていることを知ることができるでしょうか？

それは、お客さんに常に聞くということです。お客さんの願望、結果、フラストレーション、悩み、痛みを聞いてお客さんの現実を知ることです。そして、その中から、共通点を探していきます。共通点がでてきたら、発信するメッセージに生かしていきます。

お客さんと話していると、やたらと同じようなメッセージが聞こえてくるときがあります。例えば、疲れが吹っ飛んだ、だったり、また、明日から頑張れる、明日からの仕事の活力を充電できただったり。それから、夏バテで体がだるいとか、県外のお客さんであれば、ここでしか食べられないものが食べられて良かっただったり、それを会話の中で探していきます。

そうしたお客さんの願望や悩みを、自分のお店の商品に結び付けていきます。

例えば、夏の7月から8月にかけてＤＭを使って、販促を行ったときの話です。何人かのお客さんと話していると、夏バテで体がだるいという声が、ちらほらと聞こえてきました。

それで、夏バテにからめて、ＤＭを打つことにしました。もともと、ウナギなど、食品をとることにより、夏バテを解消する習慣があります。それを、ウナギの代わりに寿司屋に来て、寿司のコース料理を食べてもらって、夏バテを解消するという導線を引いていきました。

あるときは店から5キロほど離れた、とある職場に、忘年会の提案をしようとしたことがありました。そこで、働いている人が来店してくれたので、忘年会に選ぶ予算や願望、そして何か問題点はないですか?と聞いていきました。

ひとつは、職場の近くには、おいしいお店がないこと、こちらに来るにしても、交通手段が大変であること、そう考えると味に妥協して、送迎があるか、もしくは駅の近くのまずくて、ガヤガヤしていて、落ち着かない店に行かざるを得ないと教えてもらうことができました。それから、1年の感謝の気持ちを込めて、部長がスタッフをもてなすことなどを教えてもらうことができました。

そこで、5名以上の場合、送迎を付けることにしました。そこの職場は、他のところよりも、高い客単価を望めたので、店の8人乗りの乗用車を使って、送迎用のアルバイトの人を増やしても採算が合うと考えたのです。仮に、もっと人数が増えて店の自動車では足りずに、タクシーを使ったとしても、タクシー代をこちらで負担しても採算が合うと思ったのです。

直接お客さんから聞いて、スタッフに一年間の感謝の気持ち伝えたいというニーズがあることがわかったので、部長さんに向けて「1年間ついてきてくれたスタッフにありがとうを伝えませんか？」というメッセージをうちだしました。

そして、送迎を付けたことにより、お客さんのフラストレーションを埋めることができました。結果、わずか、6，000円の販促費で、販促費の75倍の45万円の売り上げとなって返ってきました。

テレビネタとありえない高級ネタで一気にブランディング

有名店でなくても、タダでテレビに出ることは可能です。地方であれば、なおさら戦略的にマスコミに取り上げられて、ブランディングしていこう。

私が、一気にブランディングできた、ひとつの要因に、テレビに取り上げられたことがあります。

もし、あなたのお店が、テレビに取り上げられたらどうでしょうか？

うれしいですよね。もしかしたら、明日から電話がひっきりなしに鳴って、お店の前は、行列になってしまうかも・・・

でも、人気店じゃないとテレビに取り上げられることなんてありえない。そう思っていませんか？

でも、あるんですよ。タダでテレビに取り上げてもらって、一気にブレイクさせる方法が。しかも、首都圏のお店より、地方のお店ほど、取り上げられやすい方法が。

「広告としてじゃないの？ホントにタダなの？」ちょっと、にわかに信じがたい話ですよね。私も、初めはそう思っていました。

プレスリリースという方法を使えば、テレビにタダで取り上げられて、しかも、テレビにタダで宣伝してもらうことが可能です。

実際のところ、有名な人気店だから、取材が来るのではなく、取材が来たから人気店になることのほうが正しいのです。私の場合も、もちろん後者でした。

では、何をするかといえば、報道用資料と書いたA４の紙1枚に、あなたのお店の商品やサービスを書いて、ＦＡＸか郵送で送るだけです。

私は、この方法で、一気にブランディングすることができました。

最初は、毎日毎日、テレビ局にＦＡＸを送りました。が、まったく取り上げてもらうことができませんでした。「龍寿し」で普段扱っているウニを取り上げてもらおうと思ったんです。やっても、やってもテレビ取材のオファーは来ませんでした。

コンサルの先生に、テレビ映えする、テレビの視聴者が楽しみにしているような、題材にしないとダメだよ。とアドバイスをもらって、題材を変えることにしました。

テレビ映えするものとは、メガ盛りで見た目のインパクト大の海鮮丼とか、チョコレートパフェに花火がついていて、テーブルの上で花火がパチパチパチとするパフェとかですね。

それで、何か新しいものを開発するか、もしくは既存の商品で使えるものがないか?探していきました。

あったんです。たった一つだけ。「太刀魚のポワレ」という握りがこの握り、まずフライパンで太刀魚の皮目を、カリッカリッに皮目を香ばしく焼きます。そしてアツアツのものを握って、ポン酢を含ませた紅葉おろしと、刻んだねぎを上に盛った握り寿司です。さらに、この握り寿司は、握り寿司としては、非常に珍しくカウンターでお客さんにお出しするときは湯気が立ち上っています。

これを題材にＡ４の紙に、報道用資料を書いてＦＡＸで再度テレビ局に送りました。２～

3日ドキドキしながら、待っていたらテレビ取材をしたいという電話がかかってきて、見事テレビ取材をしてもらえることになりました。そのとき、使った資料は次のページのものです。ただ、このとき、太刀魚のポワレをテレビに取り上げて欲しかったわけではありません。本当に取り上げて欲しかったものはウニでした。

報道用資料の最後に面白そうな握りがいくつかあるので、次回はそれに挑戦してみたい。と書いておいたので、取材の依頼の電話で「面白そうな握りがいくつかあると書いてありますが、他にも何かありますか？」という言葉を聞いたとき、思わず電話口でガッツポーズをしていました。私の思惑通りウニにつなげることができたのです。

太刀魚のポワレの作り方

フライパンにオリーブオイルを敷き、皮目を下にして入れる。

太刀魚の皮がカリカリと、香ばしくなるまで加熱する。

熱々を握り、ポン酢の紅葉おろしをのせ、天にねぎを散らす。

[redacted]　御中

平成 23 年 3 月 22 日
龍寿し（りゅうずし）
担当者　佐藤正幸
TEL 025-779-2169

報道用資料

ふんわりと湯気が立ちのぼる
熱っ、ふわ、カリッ、うまっ　魚沼発、進化する握りずし

「パチパチパチ…」という音の後、しばらくして、すっと差し出された握りはふんわりと湯気が立ちのぼっている。口に含むと、熱っ、ふわ、カリッ、と握り寿司としては、今まで食べたことのない、未体験の食感がおそってくる。旨い。いったい、これは何だろう？

この店「龍寿し」の店主に尋ねると“タチウオ”だという。

握り寿司とは、冷たいか、もしくは人肌が普通であるが、この握りは、熱々なのである。それと、握りのネタが“タチウオ”というのもまた、珍しい。

聞けばフレンチでいうところの「ポワレ」の手法で、すしネタに切り分けたタチウオを、オリーブオイルで皮が「カリッ」とするように香ばしく焼き上げ、握りにしているという。なるほど、さっきの「パチパチパチ…」という音は、フライパンでタチウオを焼いていた音だったのである。

また、タチウオの脂は魚類としてはめずらしくオレイン酸を多く含んでいる。そのため、オリーブオイルとの相性が抜群にいいのだという。

脂っぽいようでいて、それを上に盛られたポン酢で味付けしたもみじおろしと、刻んだ小ネギが見事に打ち消して、いくつでも食べられそうである。

フレンチのテイストを感じながらも、魚沼コシヒカリをベースとしたシャリと見事に調和した握りは、すしとは「進化する料理」なのだと改めて感じた

それから、メニューに目を向けると、面白そうな握りがいくつかあるので、次回はそれもぜひ、挑戦してみたい。

[redacted]
御社の視聴者様に価値のある情報を提供できればとてもうれしくおもいます。

取材のお問い合わせは　龍寿し　佐藤正幸　TEL 025-779-2169 までお願い致します。
〒 949-7251　新潟県南魚沼市大崎 1838-1
ホームページアドレス http://www.ryu-zushi.com

そこで、うちのウニは「スペシャル箱のばふんウニ」で、多くても一日に、築地に5箱、金沢に2箱、全国でも7箱しか出ない最高級のばふんウニです。どんなに多く見積もっても、全国で40軒弱のお店でしか食べられないウニで、新潟県にはうちが頼んだときだけしか入ってこない大変貴重なウニです。と説明した。電話の向こうから、弾んだ声で、ぜひ取材させて欲しいということで、「太刀魚のポワレ」と「スペシャル箱のばふんウニ」の両方を取材してもらえることになりました。

その後、この映像をホームページに貼り付けたり、あらゆる広告媒体にテレビに取り上げられた「スペシャル箱のばふんウニ」のことを掲載していきました。

その結果、龍寿し＝超高級のおいしいウニ

龍寿し＝高いけどおいしい寿司としてブランディングすることができました。

スペシャル箱のばふんウニ

このウニで、『龍寿し』は高くてもおいしい寿司のブランディングに成功。

実績は告知して、初めて認知される

実績は常に上書きして、あらゆる媒体で告知していく。そして、実績が新規客を引き寄せる。

寿司屋に来る新規のお客さんは、何にひかれてやってくると思いますか？

もちろん、おいしそうだったり、お得そうだったり、いろいろあると思います。実績も、そのひとつです。

お客様の声も実績ですし、累計何万食売れたとかも実績です。テレビや雑誌、それから新聞に取り上げられたのも実績です。

私が、うまくいった要因のひとつが、実績を意識したことがあげられます。そして、その実績をありとあらゆる媒体で使い倒していきました。

私が、自分で、「龍寿しはおいしい寿司屋です。」といったところで、何の縁もゆかりもないあなたは、「へえ、そうなんだ。」くらいにしか信じてくれないですよね。もしかしたら、ああはいっているけど、うさんくさいな、騙されないぞと冷静な目で見て思っているのかもしれません。これが、友達が「龍寿しの寿司は、おいしいよ」といっていたらどうでしょうか?今度、機会があれば、ちょっと行ってみようかと思ったかもしれません。

では、テレビで、龍寿しが取り上げられ、芸能レポーターが絶賛していたらどうでしょうか?ボルテージが一気に急上昇してきて、じゃあ週末にでも行ってみようかと予約するための電話番号を調べ始めたかもしれませんよね。

それでは、有名な料理評論家がテレビで、「龍寿しの寿司は、75年生きてきた中で私の生涯で最高の寿司だった。」といっていたらどうでしょうか?もう行きたくて、食べたくて、その衝動が抑えられない。ボルテージが最高潮に達する感じじゃないでしょうか。

ただ、これは、お客さんの立場になってみると、たまたま偶然見ていたら行きたくなった。というだけです。

店側からすれば、たまたま偶然見てくれたお客さん以外は、実績は告知して初めて認知されるということです。別のいい方をすれば、告知しない限り誰にも伝わらないということです。

テレビに取り上げられた実績や雑誌に取り上げられた実績は、二次利用して、告知しない限り、お客さんには伝わらないということです。

だから、実績は、ホームページやダイレクトメール、チラシや名刺にいたるまで、すべてに使い倒して、告知していく必要があるのです。

そして実績は、常にもっと価値のあるものに、上書きしていくことができるものであるということも、忘れてはなりません。

龍寿しの場合は、最初は目立った実績などありませんでした。私が二代目で、40数年この地で寿司屋をやっていた。ただ、それくらいの実績しかありませんでした。

地方の寿司屋としたら、そのくらいの実績は、二代目がいる店なら、どこでもあるようなものです。都会と比べて、家賃も安いですから、長くやっている店は、けっこうあるんですよね。

そして、先ほどもお話した、プレスリリースという方法を使って、あるとき、テレビに取り上げてもらうことができました。そのおかげで、テレビに取り上げられた店として、まわりの寿司屋より一歩抜きんでる実績を作ることができました。それを、様々な販促物を使って告知していったわけです。テレビで取り上げられた「スペシャル箱のばふんウニ」とか、テレビで絶賛された「太刀魚のポワレ」とかをです。

そして、「るるぶ新潟・佐渡」という雑誌の企画で、自遊人編集長が太鼓判　新潟うまい寿司で、約６００件ある新潟県の寿し屋の中から、繁華街や海辺の寿司屋を差し置いて、山の中の寿司屋が４位に選んでもらうことができました。この実績は、非常にパワフルでした。これを、あらゆる販促物に使って告知していったことで、大勢の新規客を引き寄せることに成功しました。

商品を売る前に、実績を売ったことで、お客さんの欲求をかなえる専門家の地位を確立していったわけです。

人間の持つ「3つの脳」を意識する

自分が販売者のときは、お客さんの短期的欲求を刺激する。
逆に、自分が買う立場になったときは、短期的欲求から耳をふさいでいく。

人間の持つ「3つの脳」と聞いて、なんのこと、さっぱり意味が分からない。と思ったのではないでしょうか?

もちろん、私も数年前まで、そんなこと知る由もありませんでした。非常に大切なところなので、お話していきます。

人間には3つの脳が存在しています。人間脳、哺乳類脳、爬虫類脳です。

まずは、人間脳で、理性をつかさどる部分、そして哺乳類脳は感情をつかさどる部分

爬虫類脳はその先の部分　短期的欲求をつかさどる部分です。

人は感情で物を買い、理性で正当化するとよくいわれますが、そもそも考えている脳が違います。そして、大事なのは、その先の脳、短期的欲求を司る爬虫類脳です。

トカゲはハエが飛んでくるとパクっと食べちゃう。本能的にやっていることでいちいち考えながら食べてはいません。人間の頭にも太古の昔からこの爬虫類脳が残っています。人間はここを刺激されると我慢できなくなる。そういうスイッチがあります。それが短期的欲求です。意識しないでも動いてしまう部分です。

他にも例を上げれば、頸動脈《けいどうみゃく》が切れて血がドボドボ流れていて、早く止血しないと、命が危ないという状態のときに、お金はいくらでもいいから早く血を止めてくれというはずです。これも短期的欲求です。

自分が販売者になれば、短期的欲求を狙います。しかし、自分が買う立場になれば、ここを塞いでいく必要があります。

以前の私であれば、販売者に短期的欲求をつかれて、理性では抑えきれなくなっていました。

もともと、私は、経営者としても、職人としても寿司屋の仕事が趣味で、他に趣味もない人間です。贅沢な自動車や貴金属などを目の前にぶら下げられても、心が揺れることなんて、ありえません。ただ、ひとつだけトカゲがハエを食べちゃうように、理性が抑えられずに、飛びつくことが何度もありました。

何だったと思いますか？

そう、それは前章でもお話した、ＳＥＯ対策や売り上げアップの教材などです。もちろん、それらもいい結果を出していた人もいたはずです。だから決して詐欺商品であったわけではないと思います。

もっと、自分の店のお客さんの流入経路や、お客さんの状態を把握して、本当に今の自分に必要なものなのか?検証していれば、飛びついて結果が出せず、なんてことはなかったはずです。

それと、同時にもっと大事なことを失うなんてこともありませんでした。仕事に追われて、とにかく時間がないというのが、飲食業界です。短期的欲求さえ塞いでいれば、無駄な時間を費やすなんてこともなかったはずです。

では、販売者側になって、寿司屋や飲食業でお客さんの短期的欲求を狙うとは、お客さんが飛んできたハエに飛びつく状態とはどういうことでしょうか?

それは、わかりやすい例を出せば、忘年会の幹事さんを思い出してもらえばわかると思います。幹事さんですから、もう忘年会をやることは決まっていて、開催場所を探している状態です。幹事さんを特定して、直接交渉に行けば、高確率で忘年会をとることができます。

逆に、忘年会の時期であっても、忘年会をやる意思もない人に、忘年会をやりませんか?

と話をしても、忘年会がとれることなんて、短期的欲求として持っていないので、ほとんどありません。

でも、忘年会ではなくても、夫婦や恋人と、あるいは一人で、もしくは家族で年末最後に一年間頑張ったごほうびに贅沢な食事をしたいという人はいます。そういう人は、短期的欲求が忘年会よりも、年末最後に贅沢をしたいということです。ですから、そちらにアクセスしていきます。

以前は、あくまでも商品ありきで、商品ばかりをメインにメッセージを発していました。大間のマグロがありますが、食べたい人はいませんか？というような感じです。今は、お客さんの短期的欲求を意識するメッセージを発信するようになって、１回の施策で上げることができる売り上げも変わってきました。

リストフォルダーを狙え

応援してくれるお客さん1人を失えば、背後の数百人を失うことになる。だから、どんな誰よりも丁寧に接しよう。

リストフォルダーといっても、「リストフォルダーってそれ何?」という感じでしょうか?

私も、最初はそれなんのこと?という感じでした。

リストフォルダーとは見込み客を多数抱えた人のことをいいます。ここで間違えてはいけないのが、冷やかし客を多数抱えた人ではなく、あくまでも見込み客を多数抱えた人ということです。

いくら、友達や知り合いが多くても、「龍寿し」にとっての見込み客を、多数抱えた人でなければ、リストフォルダーではないのです。

極端な例をあげれば、フェイスブックで友達が５０００人いる人であっても、海外の人ばかりで、物理的に遠すぎる人ばかりが友達、寿司が嫌いな人など、龍寿しの寿司を食べることのできない人ばかりが友達であれば、その人は龍寿しにとっての、リストフォルダーにはならないのです。

つまり、龍寿しに来て、寿司を食べてくれる、可能性のある人を多数抱えた人が、龍寿しにとってのリストフォルダーになるわけです。

このリストフォルダーが見つかると、一気に新規客を獲得するのも夢ではなくなります。

では、龍寿しの場合どういう人が、リストフォルダーになっているか、一例をあげると、30分くらい離れた高級旅館の方です。

高級旅館のお客さんは、龍寿しの見込み客である可能性が高いです。なぜなら、ひとり1泊3万円～4万円の宿泊代を出せる人たちです。この人達で、寿司が好きな人であれば、お昼に５０００円くらいの寿司を食べる文化を持った人がいるわけなのです。

実は、ここからの紹介でけっこう稼がせてもらっています。この方たちに、お願いしてチラシを置かせてもらったりしています。それで、お昼に寿司が食べたいという人がいれば優先的に紹介してもらっています。

お客さんには、旅館からの紹介ということで、特別に握りをサービスで付けたり、コースのアップグレードサービスをしたりしています。

旅館の人からすれば、旅館のお客さんに喜んでもらうことができれば、「良い店を紹介してくれた。」と感謝されて、株も上がるわけです。

このように、お客さん、それから旅館、龍寿しと三方よしで、三者ともメリットがあるわけです。

それから、他の飲食店の方も龍寿しにとっては、大切なリストフォルダーです。

自分を考えてもわかりますが、飲食店経営者は、世間一般の人よりも外食する確率が高いです。普段から飲食業に従事しているだけあって、食べ物に興味があるからです。

それで、私の場合も、仲良くなったお客さんに、「どこかおいしいお店ない？」と聞かれるので紹介するわけです。

それと同じことが、ほかの飲食店でも起こります。「どこか、おいしい寿司屋ない？」と聞かれれば、龍寿しを紹介してくれるわけです。
それから、ＳＮＳで紹介してくれる人も、龍寿しにとってリストフォルダーです。

そして、ここからの紹介のお客さんは他のお客さんと差別するわけではありませんが、特に手厚く粗相のないように、細心の注意を払って対応するようにしています。
なぜなら、1人のリストフォルダーからの紹介のお客さんを失うということは、リストフォルダーの背後にいる数百人のお客さんをいっぺんに全て失うことになりかねないからです。

そして、リストフォルダーに来店していただいたときには、精一杯、日頃の恩返しの気持ちで、誰よりも最優先で、良いものを提供し、満足していただけるように心掛けています。

売り上げをコントロールする2段階の売り上げ構造

お客さんの気まぐれに、売り上げをゆだねるな。自らの手で売り上げをコントロールしよう。

飲食店の売り上げをコントロールすることは、可能だと思いますか？

「そりゃあ、いつも満席の店であれば、それは上限いっぱいで可能でしょうけど、いやいや、それは無理でしょ。」という声が聞こえてきそうですが、ある程度、それは可能です。

今、「龍寿し」の売り上げは、お客さんの気まぐれにゆだねている部分と、それから、意図的に売り上げをコントロールし、集客している部分の2段階の構造になっています。

お客さんの気まぐれにゆだねている部分は、「待ち型」の商売をしている通常の売り上げの部分です。いつ来るかわからない、来てくれたらラッキーのハラハラドキドキする部分。

そして、売り上げをコントロールしている部分は、既存のお客さんにＤＭを発送して、待っているだけでなく、「攻め型」で意図的に集客している部分です。

仮に、月商が１５０万円だとすれば、通常の売り上げが１００万円、そしてその上に載っている50万円を意図的に作り出しているイメージです。

そして、この売り上げをコントロールしている部分のお客さんは、自分好みの、自分とフィーリングが合うお客さんだけを、集めて来店してもらっているということです。

つまり、なんでもかんでも、売り上げにさえなればいいやというのではなく、できれば、来てほしくないなと思うお客さんは意図的に避けて、良いお客さんだけに来てもらっているわけです。

１回のＤＭの反応率が、時期により８％から10％だということは、計測上わかっています。ＤＭを出す顧客リストは７５０リストから１０００リスト、これを時期によって使い分けています。その時々に合わせて、使うリストにもよりますが、かかる経費が８万円から12万円で、そこから得られる売り上げが、１回１３０万から２８０万円になるというのも計測上わかっています。あとは、どのタイミングで施策を実行するか、必要なときに、必要な量の集客のレバーを下ろすだけです。

以前は、リスト数だけあっても、反応率は2％くらいしかなく、この集客法も、私の店には向かないのかな？と思い、落ち込むときもありました。売り上げにしても、１４００件のリストにＤＭを出して、しかも17万円もの経費をかけて、良いときでせいぜい50万から80万円でした。これだと売り上げは、上がっても劇的に利益が増えることはありません。

今は、反応するリストも増え、どんどん自らの手で、売り上げをコントロールできる部分も増えています。

サラリーマンで例えるなら、通常の売り上げがサラリーマンの給料、そしてＤＭを出したときの、通常の売り上げ分に、上乗せした売り上げ分がサラリーマンでいうところのボーナスです。

もともと、夫婦２人を基本でやっている店ですから、暇っていうのもマズイですけど、忙し過ぎるというのも、またマズイです。だから、繁忙期には、オファー（特典）は小さくして、閑散期にはオファーを大きくして調整しています。そして、忙しくなって手が回らなくなるような施策はとらないようにしています。

それから、売り上げをコントロールするということは、「龍寿し」の場合は、仕入れをコントロールできるということでもあります。

どういうことかといえば、DMを出して、売り上げをコントロールしている部分は、3日前までにお客さんに予約していただく、コース料理のみで集客しています。

そのため、予約状況にあわせて、木曜から土曜日までに、予約人数40人だから、フリーの人の分を見越して60かん分のウニを仕入れておこうとかできるわけです。

それによって、食材のロスがほとんどありません。他の寿司屋よりも、高価でハイスペックな魚を使っていくことができるのも、そのためです。


それから、あなたのお店の売り上げを、お客さんの気まぐれにゆだねるということは、あなたの人生そのものも、お客さんの気まぐれにゆだねるということです。

この話を聞いて、あなたは、まだ、お店の売り上げを、お客さんの気まぐれにゆだねますか？それとも自らの手でコントロールして、ハッピーな未来を手に入れますか？

第四章
私はこうして繁盛店を作った
その立て直しの「戦術」

地元のスイカで大間のマグロを釣った

仕入れ先も、お客さんも同じ
相手への感謝の気持ちを伝えれば、劇的に好転していく。

数年前のあるとき、青森の生の本マグロを仕入れようと思いつきました。11月から12月のあの有名な大間をはじめとする津軽海峡のマグロです。普段、インドマグロを使っているのですが、もっといいものをお客さんに食べてもらいたいと思い、津軽海峡の本マグロを仕入れようと思ったのです。

このときに、青森で獲れた津軽海峡の本マグロは、ほぼ100%築地に輸送され、セリにかけられるという、私なりに認識がありました。

ということは、地元の市場に頼んで築地の市場から引っ張ってもらうか、もしくは築地のどこかのマグロ業者を探さないと仕入れることはできないなと。

インターネットを使って、いろいろと探しているときに、青森の魚屋さんのホームページを見つけました。ホームページをのぞいてみると、海峡マグロというところがあり、津軽海峡の生の本マグロを扱っているのがわかりました。ということは、青森県内にも、本マグロは卸されているのではないのか？とにかく、電話をしてみることにしました。

電話口には、すごく愛想がよくて、もう一発でこの人、仕事熱心だとわかる人が。で、聞いてみると、「青森にも津軽海峡の本マグロは、かなりの本数卸されています。１００キロを超えるものは、築地にほとんど行ってしまいますが、それ以下のサイズは青森にも卸されます。」と元気な声で教えてくれました。

そして、ではサイズが小さいと味や色の変わるのが早いのか？その辺も疑問があったので聞いてみることにしました。もし味が悪かったり、色変わりが早ければ、使うことは難しいなと思っていたからです。

しかし、先方からの回答は良いものを選別していけば、小さめであっても問題はないとのことでした。「色も2週間くらいは持つし、11月中旬から12月のものであれば、味も脂ののりも大丈夫。11月くらいになって獲れはじめてくれれば良いものを送れると思います。」との回答でした。そして大体の値段を聞いて、取引を始めようかと思っていたのですが、「今はまだ10月で脂ののりがいまいちの時期なので、もう少しお待ちください。11月になって、脂ののりが良くなって来たら電話させていただきます。」ということで、その日は電話を切りました。

そのあと11月になっても、電話はかかってきません。しびれを切らして、こちらから電話をしてみます。が、まだ、良いのがとれません。との回答でした。

そして、12月になっても、電話はかかってきません。また、しびれを切らして、電話をしてみます。またしても、いいマグロがありません。もう少し待ってください。といわれたきり、1月になり青森の海峡マグロのシーズンは終わってしまいました。

結局、そのシーズンはマグロを1回もまわしてもらうことはできませんでした。

月日は流れて、4月になりました。今まで送ってもらっていた、青森のウニ屋さんが、今年はウニの生育が悪く、味が悪いので送れないというのです。それで、「そういえば、青森の魚屋さんは、ウニも扱っていたな」と思い出し、電話してみることにしました。

「ウニは大丈夫ですよ。」ということでしたので、取引をスタートすることにしました。

旬の貴重な食材

サバ、ヒラメ、南蛮ニビ、アワビ、ノドグロ…地元の新鮮な魚も用意。

青森･津軽海峡でとれた高品質の本マグロを直接仕入れて使用。

ワサビは、地元･魚沼の魚野川の川沿いで作っている生ワサビを使う。

夏場にとれる活車エビ。水槽に泳がせ、注文が入ってから茹でて握る。

4月、5月、6月、7月と良いウニを、送ってくれました。本当に、この年は良いウニを送ってもらうことができて、助かりました。

私の地元は「魚沼コシヒカリ」の産地であると同時に「八色スイカ」というスイカの名産地でもあります。他の産地のものとは、甘さとシャリシャリ感が違う、極上のスイカです。

これを、良いウニを送り続けてもらったお礼に、お中元として送ることにしました。このときは、純粋にお礼がしたかった。ただそれだけです。

ただ、このスイカを送ったことにより、運命が変わっていったのです。その後、青森の魚屋さんから、お礼の魚は送られてきました。もちろん、これはこれでありがたかったので、喜んでいただきました。

では、何が変わっていったのか？

このシーズンより青森の津軽海峡の本マグロを回してくれるようになったのです。それも、どこの寿司屋さん、それから料理屋さんを差し置いて、最優先で。

この年以降、毎年お中元のスイカは欠かさずに送っています。

仕入れ業者との関係を構築する方法

あなたの誠意や熱意は必ず仕入れ先の人にも伝わる。仕入れも人間関係が一番大切です。

仕入れ先との関係って難しいですよね。「良いものを安く仕入れたい。」誰でも思うことだと思います。気に入ってくれると、すごく力強い味方になってくれますよね。では、どうしたら、仕入れ先と良好な関係を構築できると思いますか？

私は、仕入れが抜群に上手いとよくいわれます。最初から仕入れ先の人には、気に入られます。実例をあげれば、スペシャル箱のばふんウニは、築地で買えば、1箱25，000円していたときに、龍寿しの仕入れ値は16，000円でした。

そして、2016年は、生筋子が高い年で、地元の市場で買えば、一キロ5，000円を下回ることは、ほとんどありませんでした。しかし、龍寿しの仕入れ値は一キロ2，500

円でした。しかも、これは税込みの価格です。実例をあげればきりがないのですが、このへんにしておきます。

ここが、山の中でも年間を通して、上質なネタを扱っていられる一番のキモになるのですが、仕入れ先との良好な関係を構築する方法について、お話していきます。

まず、一番大切なのは、その人の人間性です。うそをついたり、ごまかしたりする人とあなたは、付き合いたいですか？付き合いたくありませんよね。それと同じように仕入れ先の人だって、そんな人と付き合いたいはずがありません。

頼んだものが伝票に付け落ちになっていることがあります。そういうときは、買ったけど、伝票についていないよと、教えてあげるようにしています。

そして、自分の商売に対して、真剣さがないとダメです。とにかく、良いものが欲しいという思いが、肌からも体中からもにじみ出ているような、真剣さが相手に伝わらないようでは問題外です。

それから、商品知識も重要です。ときには仕入れ先の人以上の知識も必要になってきます。また、あるときは、仕入れ先の人の知識を素直に受け入れます。

あと絶対やってはいけないことは、むやみやたらに値切ることです。考えてみてください。あなたは、お店で値切られて嬉しいですか? 私は少なくとも、良い気持ちはしません。逆に反発してしまいます。それと、同じで仕入れ先の人も嬉しくないはずです。自分にされて嫌なことは仕入れ先の人にも絶対しないようにしています。

私が仕入れ先の人を値切ることなんて、まずありません。1年に数回、ウニがぐちゃぐちゃになって届いてしまうときがあります。ぐちゃぐちゃで使えない。どんなに悪いものが届いても、悪かったと報告はしますが、安くしてくれと自分から値切ることはありません。

小さい寿司屋で、いつも「安くしてくれ」と値切ってばかりの人に、しけで、品薄のときに、数少ない、極上の品を渡しますか? 誰も渡してくれません。どんなに、品薄のときでも、真っ先に声をかけてくれる存在になれるよう常に努力しています。

金の切れ目が縁の切れ目といいますが、これも非常に重要です。請求書が来たら、できるだけ早く払います。それればかりか、冷凍のマグロは、数ヶ月先に使うものまで、何十万も前金で払うときもあります。銀行に預けておいても金利なんてほとんどつかない時代です。金利の分より、良いものを安くしてもらった方が良いじゃないですか。金払いの悪い人に、良いものを安く卸してくれるなんてことは、まずありません。

そして、いいときは正直に「良かったです」と褒めるようにしています。逆に悪いときも、素直にどこが悪かったと教えます。仕入れ業者は、率直な意見が聞きたいという願望があります。専門家として、意見をいいます。

仕入れ業者に横柄な態度をとる人がいますが、仕入れ先は大切なパートナーです。お客さんやアルバイトの人と同じです。大切にすれば必ず答えてくれます。仕入れ業者を大切にする。これが最強の仕入れの極意だと思っています。

どうしても、仕入れ先にも、鮮魚であればその日にはけさせなければならないときがあります。そういうときは、今日や明日の予約状況を考えながら、できる限り押しつけにも付き合ってあげるようにしています。

お得意様にお中元やお歳暮を配るように、こちらがお客さんの立場であっても地域の名産の「八色スイカ」や「魚沼コシヒカリ」などを感謝の気持ちを込めて、届けるようにしています。そして、年末最後の日は地元の市場の人全員に缶コーヒーを、お歳暮代わりに渡してくるのが、市場での私の年末最後の仕事になっています。

あなたの誠意や熱意は仕入れ先の人にも必ず伝わります。仕入れも、人間関係が一番大事です。

少人数で回せるメニュー構成

小さいお店は高客単価にしていくのが得策
予約のコース主体にしていけば、少人数でも店は回すことができる。

普段は、予約が少なければ、妻と2人しかいない店です。そんな店ですから、売り上げを上げていくためには、高客単価にしていく必要がありました。

では、どんなメニューが、売れ筋商品で売れているのでしょうか？

寿司の一人前でしょうか？それとも、お客さんが好きなものを好きなだけ食べる、お好み寿司でしょうか？それとも、○○御膳といったセットもの？

実は、龍寿しで、売り上げの約半分を占めるのは、税抜き5，300円と7，000円の寿司と料理の予約のコースを食べてくれるお客さんです。そして、この2種類のコースの

55%くらいが7，000円のコース料理、そして、45%くらいが5，300円のコース料理を食べてくれる人になっています。月によっては、80%くらいが7，000円のコースというときもあります。

これは、土地柄を考えたら、驚異的に高い値段設定といえます。食べログで周囲のお店を検索しても、食事だけで、これくらいの単価のお店は出てきません。

何でそんなことができるの?大幅な値引きをして、売っているんじゃないの?と思ったかもしれません。しかし、答えはNOで、せいぜい値引きをしても、各コース500円引きの4，800円と6，500円になる人がいるだけです。

そして、前にお話した、私とフィーリングが合うお客さんというのは、このコースでゆったりと、食事を楽しんでくれるお客さんです。つまり、少人数で店のオペレーションを回すために、コース主体で提供する店に変えていきました。

夜の営業時に、2回転するなんてありえない立地です。滞在時間は2時間から長い人で4時間くらいになります。これが、寿司だけを、さっさと食べる人ばかりで、寿司職人が私一人だけだと、お客さんの人数を、こなせなくなってしまいます。そういう面でも、コースでゆっくりと食事をしてくれるお客さんに来てほしいわけです。

それから、3日前までの予約のコースに設定しているため、予約状況に合わせて、アルバイトの人に入ってもらう人数を決めていきます。アルバイトの人は、近くの主婦の人、それから高校生を何人か抱えておいて、来てくれる人に声をかけて集めていきます。

大体のコースの流れは、7，000円のコースの場合だと、前菜に始まり、寿司が4かん、お椀、刺身が2点盛り、焼物、寿司4かん、おつまみ的なもの、そして最後に寿司4かんで、料理が5品、そして寿司が12かんという構成にしてあります。

何で、このような構成にしてあるのでしょうか？

それは、ひとつの最大の理由があります。以前は、料理の品数がもっとあり、それをすべて先に出して、あとから寿司を12かんという構成にしていたのですが、それだと、料理だけで、おなかがいっぱいになってしまう人が出てきてしまっていたからです。

それで、今のようなスタイルに変えていきました。前は、従業員の人もいたので、揚物も入れていたのですが、人手が足りなくなったこと、そして、お客さんが、おなか一杯になってしまって、寿司にたどり着けない人もいたために、コースに揚物を入れることをやめました。

そうしたら、お客さんのおなかの具合と、オペレーションが以前よりも、上手くいきだしました。

まず、揚物をコースに入れると、それだけで一人調理する人をとられてしまいます。寿司と刺身以外は、妻が一人で調理を担当していますから、揚物をコースから外すことにより、今まで以上に受け入れられる人数を増やすことができました。

そのおかげで、コース以外のお客さんが、他の料理を、もし頼んだとしても、今まで以上にこなしていくことができるようになったわけです。

寿司のほうでも、最後に寿司全部となると、後半は他のお客さんの寿司はもう受けられない状況でした。しかし、寿司、料理、寿司、料理という流れがあるために、料理のときに別のお客さんの注文をこなしていくことができるようになりました。この点でも、今まで以上に人数をこなしていくことが可能になったわけです。

寿司と料理の予約コース主体の店に変え、高単価を実現するとともに少人数で回せる店に。

２００キロ離れた首都圏からリピートさせる魔法の手紙

商品力とマーケティングを駆使すれば、山の中の寿司屋にだって、２００キロ離れた都心からリピートさせる、そんな奇跡は可能です。

２００キロ離れた首都圏から新潟県の飲食店に手紙１本でリピートしてもらうなんて信じられますか？それも海辺ではなく、普通に考えたら、首都圏から来る理由なんて、まったくない山の中の寿司屋にです。しかも、反応率10％で反応率だけ見たら、決して高い数字ではないかもしれません。しかし、ほとんど値引きもせずに、２００キロも離れたところから集客しています。

それを可能にしているのが２ヶ月に１回、顧客リストに送っているＤＭです。

わかりにくいと思いますので、実際に２０１６年11月に送ったものを見ていきましょう。

おっと、いい忘れていました。顧客リストにＤＭを送るといっても、まず顧客情報を入手しなければいけません。

顧客情報の入手方法は、アンケートに書いていただく、それから名刺を持っている人であれば、名刺交換をするなどして、顧客情報を入手します。私のお店では、「年会費無料、有効期限無しの龍寿しの会員になりませんか?会員になると毎回おすすめ1かんサービスになりますよ。」もしくはコース料理の場合は、「割引になりますよ」とお客さんにお声がけして、会員になりたい人を募集しています。そこで会員申し込み用紙に記入してもらい顧客情報を入手します。

そして、「ご来店いただきありがとうございました」という内容のサンキューレターを、来店していただいたその日に書いて、発送します。

そして、２ヶ月毎にＤＭを送付します。

ここまでの流れを図に表すとこうなります。

まず顧客情報を入手します。

←

サンキューレターを送付

←

集めた顧客リストに対して2ヶ月に1回DMを送付

では、実例を見ていきましょう。

今年も頑張りぬいたごほうびに、
“非日常の空間”で“極上のすし”をつまみながら
一年間の労をねぎらいませんか？

今年一年の疲れを癒し、来年への活力を充電するための
とびきり贅沢なひと時を演出いたします。

いつもありがとうございます。龍寿しの佐藤正幸です。
新潟県で５本の指に入る寿司屋として[illegible]で紹介されました。

１年間頑張ったあなた自身、そしてご家族や大切な人に年末最後のごほうびに、
とびきりの食事で一年の疲れを癒し、明日への活力を充電しませんか？
それをかなえるお話を少しさせてください。では、１つずつ順番にお話していきます。

日本人の好きな料理ランキングＮＯ１“すし”

（資料ＮＨＫ文化調査部「日本人の好きなもの」２００８年）
資料によれば73％の人が“すし”が好きと回答しています。
約４人に３人が“すし”が好きと答えていることになります。

忙しかった一年の疲れを癒し、ホッと一息、
年末最後に美味しいものが食べたいときはやっぱり“すし”です。

他の飲食店で生ビールといえばグラスも冷やしていない、ぬるいビールが提供され
料理といえば、なんの変哲もないスーパーで売っているものに毛の生えたレベルの素材で作られ、
記憶の片隅にも残らない、レンジでチンした程度の料理が並ぶ。

これでは、もし年末の疲れを癒そうと思っても、かえってがっくり疲れてしまうかもしれません。
そうならないためにも、龍寿し年末の季節のおすすめの一例をご紹介していきます。

大間をはじめ津軽海峡でとれる本マグロが旬を迎えます。

回転ずしなどで使われているマグロの多くは人工的にえさを与えられ太らされた養殖物です。
養殖のマグロも、だんだんと良化してきているとはいえ
まだまだ臭みや渋みがあり、脂の質もくどくしつこく旨味がなく、まったく天然ものにはかないません。

そして天然ものの本マグロの中でも最高といわれるのが
初冬に大間をはじめとする津軽海峡で獲れる本マグロです。
津軽海峡のマグロは、１年中獲れるわけでは無く８月から１月くらいまでしかとれません。

11月の下旬アオリイカが獲れだす頃、急激に脂ののりが良化します。
そして、旬であり、脂ののりの絶頂を迎えるのが
11月20日過ぎ～12月20日くらいまでのたったの１か月間です。
それ以降はほとんどしけになるため漁自体に出られない日が多くなります。

アオリイカを食べだしたマグロは、奥深い味わいに変わっていきます。

津軽海峡の本マグロの旨さとは、香り、酸味、そして甘味です。
香りと酸味は新鮮さの証ですが、甘味は熟成にしたがってでてきます。
そして部位によっても味が違います。

赤身は鉄分っぽく、少々酸味を持った鮮烈な血の香りの旨さとの複合的な旨さを持っています。
それから中トロは赤身の美味しさと脂の甘みを併せ持つ旨さがあります。
そして最後大トロは口の中でとろけ、爆発するように濃厚でありながらも、
さらりと切れる脂の甘みが至上の天然本マグロの醍醐味です。
いろいろな部位の味の違いもぜひ楽しんでいただけたらと思います。

それから、北海道浜中産の「ばふんウニ」です。

ウニは雑食性で、ウニの味は食べているエサで決まります。
昆布の多い所で育ったウニは甘くなり
逆に魚の死骸などを多く食べたウニは口に入れても吐き出したくなるような味になります。

そしてミョウバンの味がとかよく言われますが、
ミョウバンは無味無臭でほとんどウニの味に影響しません。
逆に、ミョウバンには脱水効果があり、
少し使った方がウニの味が濃縮されて甘くなります。

北海道の道東　浜中町でこの時期とれるばふんウニは、
昆布だけを与えて育てられた養殖のばふんウニです。

そして、ウニだけは魚介類の中で唯一、
味の良さから天然ものより養殖ものの方が市場価値高い魚介です。
また、通常の市場のルートだと、このウニは新潟県には入荷がありません。

それから市場にでている高いウニを仕入れても本当に美味しいウニを提供できるとは限りません。
なぜなら、ウニの旬は、短く、産地情報などの知識や経験が必要だからです。

当店では北海道の仕入れ先と太いパイプがあるため
甘みもそっけもないウニではなく、本当に衝撃的な甘いウニをご提供できます。

浜中産のウニの握りを口に含むと、淡雪のようにすっと溶け、
有明産の極上の海苔、魚沼産のシャリと渾然一体となり、魚沼わさびの辛みがウニの甘みをさらに引き立て、
のどの奥に消えていき、心地いい甘みだけが余韻として残ります。

そして佐渡の真ダラの白子です

11月頃から佐渡で獲れる真ダラの中に入っている白子が良化してきます。
佐渡で獲れる真ダラを買い付けてもらい、その中から白子を取り出し送ってもらいます。
通常の飲食店が仕入れるパックに入って流通している白子とは、ツヤ、鮮度、甘みがまるで違います。

また、白子はお酒との相性も抜群で、低カロリー高たんぱくで非常に栄養が豊富な食材です。
たんぱく質だけでなく、ビタミンD・E・B1・B2、リン、カリウムなども豊富に含まれています。

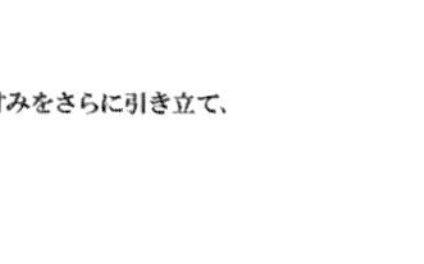

この中のビタミンB1・B2などは神経細胞の拡散や、
たんぱく質や脂質の合成を補助して、
精神を安定させたり集中力や記憶力を向上させる働きがあります。

上質で鮮度抜群なものは臭みもなく、ほんのりと温めてわさび醤油で食べると
日本人に生まれてよかったと感じてもらえること間違いなしです。

今回はこれらのおすすめを入れて2通りのコースを企画しました。気になる内容は別紙をご覧ください。

限定年末最後の極上の贅沢コース
7,000円+税　11月18日~12月30日まで
ローストビーフのサラダ
いつものローストビーフもソースを変えれば未体験の味になる
サバ
いいサバはトロをも凌ぐ
マグロ赤身
津軽海峡のマグロは赤身が美味い
中トロ
赤身と脂の旨味のバランスが秀逸
椀　里芋饅頭
里芋のもちもちとした食感とだしの旨味が日本人でよかったと再認識させる
造り
旬の魚介2点盛り
きのこの食感が魚介を思わせ、ユリ根の優しい甘みにほっこりする。
大トロ
脂の旨味が口の中で爆発する
アオリイカ
ねっとりと甘い
ばふんウニ
1年で一番甘い
メガニひと口ちらし
たったの2か月しか食べられない味覚
まだら白子
驚くほどクリーミーな甘さ
イクラ
新物は香りが違う
ホッキ貝
しこしこと甘い
ブリ
今の季節
天使の海老
天使の海老はボイルでもうまい
玉子焼
人気の逸品
お申し込みは、3日前までに電話でご予約ください。
龍寿し　☎025−779−2169
お電話口で「年末最後の極上の贅沢コース」予約の件でとお申し付けくださ

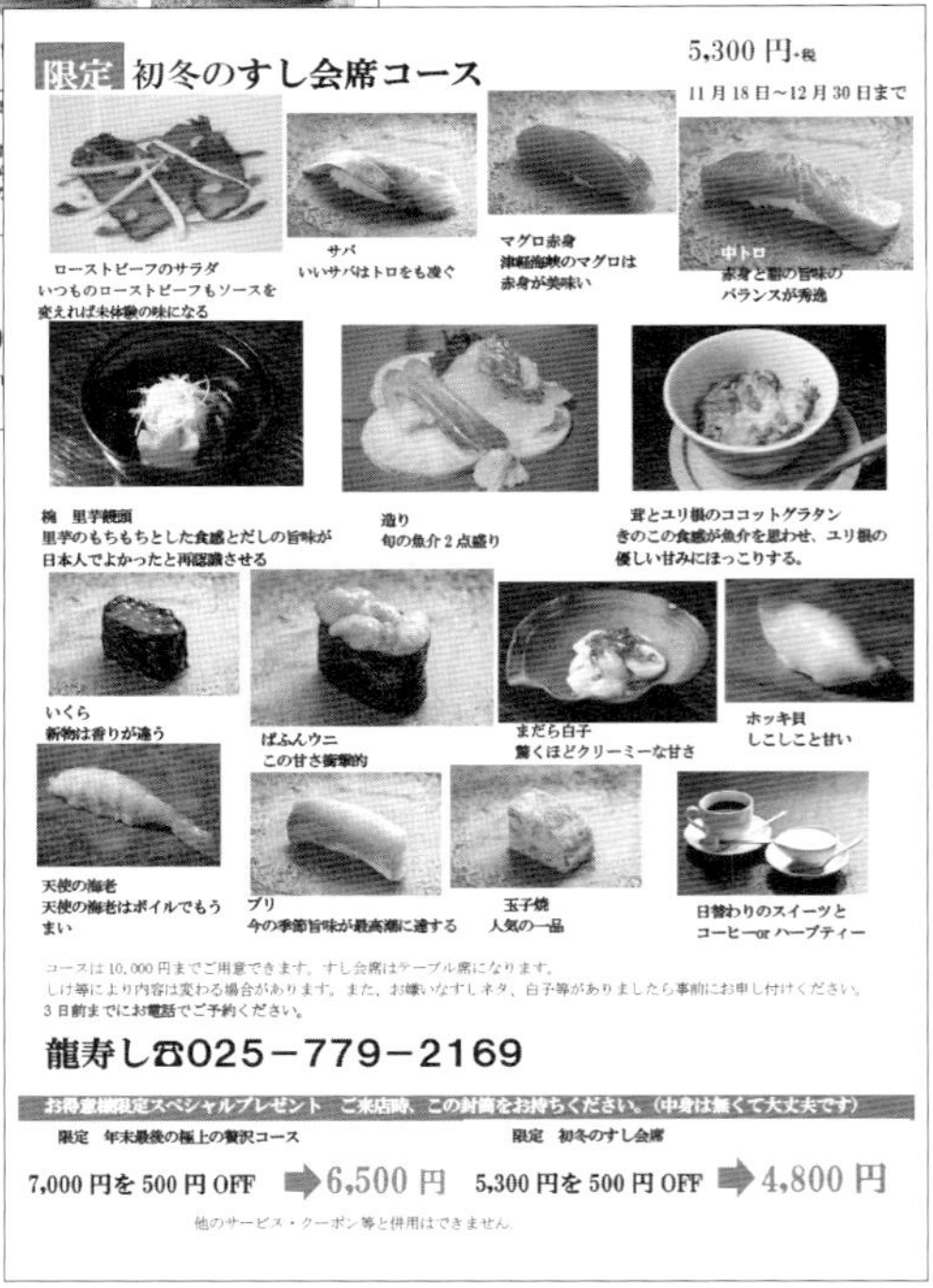
限定 初冬のすし会席コース
5,300円+税
11月18日~12月30日まで
ローストビーフのサラダ
いつものローストビーフもソースを変えれば未体験の味になる
サバ
いいサバはトロをも凌ぐ
マグロ赤身
津軽海峡のマグロは赤身が美味い
中トロ
赤身と脂の旨味のバランスが秀逸
椀　里芋饅頭
里芋のもちもちとした食感とだしの旨味が日本人でよかったと再認識させる
造り
旬の魚介2点盛り
茸とユリ根のココットグラタン
きのこの食感が魚介を思わせ、ユリ根の優しい甘みにほっこりする。
いくら
新物は香りが違う
ばふんウニ
この甘さ衝撃的
まだら白子
驚くほどクリーミーな甘さ
ホッキ貝
しこしこと甘い
天使の海老
天使の海老はボイルでもうまい
ブリ
今の季節旨味が最高潮に達する
玉子焼
人気の一品
日替わりのスイーツとコーヒーor ハーブティー
コースは10,000円までご用意できます。すし会席はテーブル席になります。
しけ等により内容は変わる場合があります。また、お嫌いなすしネタ、白子等がありましたら事前にお申し付けください。
3日前までにお電話でご予約ください。
龍寿し☎025−779−2169
お得意様限定スペシャルプレゼント　ご来店時、この封筒をお持ちください。(中身は無くて大丈夫です)
限定　年末最後の極上の贅沢コース
7,000円を500円OFF → 6,500円
限定　初冬のすし会席
5,300円を500円OFF → 4,800円
他のサービス・クーポン等と併用はできません.

このＤＭは、個人のお客さん、首都圏２５０リスト含む全部で７５０リストに送付しました。

まずキャッチコピーには、お客さんが持っている最大の願望、欲求や悩みを入れこみます。

なぜ、お客さんの最大の願望、欲求、悩みを入れこむのでしょうか？

これは、脳構造にある網様体賦活系（ＲＡＳ）が影響しています。ＲＡＳとは、簡単にいうと、情報のフィルターのような役割をしています。目や耳、鼻など五感を通して入ってくる情報をＲＡＳが取捨選択しています。いらない情報を遮断して、意識した必要な情報だけを取り入れる脳の仕組みです。

これ利用して、お客さんが一番関心があることで、興味付けしていきます。

11月であれば、ＤＭを出す顧客リストの中で最大の欲求が「大間のマグロ」を食べたいであれば、そちらからアクセスしていきます。

ただ、この場合、最初の段階で「大間のマグロ」でアクセスするより、「忘年会をしませんか？」のほうが顧客リストの中の願望が強いと判断しました。

しかし、法人ではなく、個人の顧客リストにアクセスするには、忘年会の幹事になる人でなければ、願望がまだ弱いと思いました。そこで、そういえば去年、年末最後においしいものが食べられて良かった。年末最後に贅沢できて良かった。という声を複数耳にしていたので、「今年も頑張りぬいたごほうびに、〝非日常の空間〟で〝極上のすし〟をつまみながら一年間の労をねぎらいませんか？」と1年間頑張ったごほうびにおいしいものを食べませんか？とアクセスしていきました。

あいさつの後、新潟県で5本の指に入る寿司屋として「〇〇〇〇（テレビ番組名）」で紹介されました。

ここで、あなたの願望を叶えられる、専門家ですよということを、圧倒的な実績で示し、話を聞いてもらう体制を作ります。なぜなら人は、怪しい業者からより専門家から買いたいものだからです。

そして

日本人の好きな料理ランキングN〇1〝すし〟

（資料NHK文化調査部「日本人の好きなもの」2008年）

資料によれば73％の人が〝すし〟が好きと回答しています。

約4人に3人が〝すし〟が好きと答えていることになります。

忙しかった一年の疲れを癒し、ホッと一息、年末最後においしいものが食べたいときはやっぱり〝すし〟です。

ここでは客観的なデータを使って、商品とお客さんの願望をつなぐ、導線を引いていきます。そして、この後、季節のおすすめを紹介していきます。

この季節のおすすめを、書く順番にも意味があります。書く順番は顧客リストの中で欲求の強い順です。この場合、マグロ、ウニ、白子の順で書いています。

希少性、限定性などを謳いながら食べたくなるように立体的に描いていきます。

そして、別紙のコースにつなげていきます。

このDMは、８万円の経費で１６５万円の売り上げになりました。

売り上げを倍速させる広告宣伝術

そもそも新規客と既存客は思考が違う。
新規客の思考を理解していないと、新規客を集客することは難しい。

よく飲食関係のビジネス書に書かれていることがあります。それが、

顧客情報を入手
↓
サンキューレターを送付
↓
ニュースレターやセールスレターを送付

既存客から得た利益を新規客獲得に投資する
↓
顧客リストが増えて、これを繰り返す

という、ビジネスの鉄板的なことです。

私も、この通りやったはずでした。しかし気付いたときには、年収1００万円を切って、どん底から脱出したつもりが、さらなるどん底、地獄に落ちていました。私の税金は０になるのは、わかりましたが、あまりにも私の年収が低いので、妻の税金まで、戻ってきました。さすがに、ここまでは想像もつきませんでした。

あまりにも、新規客獲得が上手くいかなく、広告費を垂れ流したのがひとつの原因です。第2章で、新聞折り込みチラシを入れるのが、トラウマになって、しばらくチラシをやることができなくなったお話をしました。では、今はどうなったと思いますか？

簡単にいうと、チラシで反応をとれるようになりました。それも、かけた広告費の5倍～

10倍くらいは、売り上げるスキルを身につけることができました。

では、どうして反応がとれるようになったのでしょうか？

それは億万長者のカリスマコンサルタントに寄り添ってもらい、億万長者の思考をインストールしていったからです。そして、そもそも新規客と既存客は思考が違うということを習いました。既存客は、どちらからというと、私のお店であれば、私よりの思考になっています。

一方、新規客はどうでしょうか？新規客は、変わりたくないと思っている人たちです。その新規客の重い腰を上げてもらうためには、思い切ったオファーが必要だということを、身をもって、教えてもらいました。それまでは、ほとんど、オファーもつけずに、新規客用のチラシをばらまいていました。ただ単においしいものであれば集客できると思っていたのです。

そして、新規客はおいしそう、お得そう、○○そうで動きます。写真もオファーもそのようにしないとダメなわけです。だから、集客できなかったのです。

それと同時に「商品は壁」という、ビジネス思考を習いました。

お客さんは本来、商品なんて欲しくはありません。お客さんが欲しいものは、自分の願望の実現であったり、フラストレーションの緩和であったり、悩みや痛みの解消です。

お客さんは、寿司が食べたくて来るのじゃないの？と元来寿司職人である私は本当に理解に苦しむ部分でした。よくよくお客さんに聞いて共通点を探していくと夫婦やカップルで来店される場合、奥さんや彼女を喜ばせてあげたいだったり、少人数の仲間と来店する場合、小さな幸せを感じて、明日への活力を充電したいだったりするわけです。

そして、お客さんはこの願望を満たすことができれば、寿司屋で寿司を食べなくてもいいわけです。

奥さんや彼女が喜ぶことであれば、他の飲食店でもいいし、何か他のプレゼントをあげても良いわけです。

図に表すと

お客さん
←
商品（料理　すし　コースなど）
←
願望

このように商品はお客さんと願望の間に壁となって立ちはだかります。
だから、商品はお客さんの悩みや痛み、欲求、願望の解決策にしないといけないのです。

それを、教わって作ったチラシがＰ１４１に載せたものです。

店から車で、30分圏内に１５，０００部新聞折り込みしました。
商品を前面に出すのではなく、誕生日や結婚記念日に、奥さんや彼女に感謝の気持ちを込めてプレゼントをしたいという願望にアクセスしています。
そして、写真はおいしそうな写真を使い、オファーも、お得そうにしてあります。

Ａ４の裏表に自分でワードで作成して、印刷に出しています。かけた経費は7万円で売り上げは75万円とかけた経費の10倍以上売り上げることができました。

すし会席コース 5,300円～　　カウンター席限定旬の味覚満喫コース 6,500円～

各コースとも3日前までにご予約をお願いします。また、お嫌いなすしネタ、食材がありましたら事前にお申し付けください。

チラシを見た方限定7月26日まで期間限定のグレードアップサービス

すし会席コース 5,300円を

なんと1,700円お得な7,000円のコースに

カウンター席限定旬の味覚満喫コース 6,500円を

なんと2,000円お得な8,500円のコースに

それぞれお値段そのまま、グレードアップいたします

仕入れの都合により7月26日までの限定です。

あなたの大切な人の笑顔のために、これ以上ない商品

もらいます。そのため、グレードアッププランで提供で

新潟県の寿司店600店中4位に選ばれた寿司の名店

産直仕入れの極上ネタで、超高級店以上の味を3分の

営業時間

南魚沼市大崎1838-1 龍寿し

定休日

「チラシ」を見たとお電話でご予約ください　☎0

思わず奥さんも“ホレ直す”

記念日のプレゼント

非日常の空間で“極上のすし”をつまみながら

ふだん言えない“ありがとう”を伝えませんか？

日本人の好きな料理ランキングＮＯ１“すし”（資料ＮＨＫ文化調査部「日本人の好きなもの」２００８年）

資料によれば73%の人が“すし”が好きと回答しています。約４人に３人が“すし”が好きと答えていることになります。とびきりの“すし”と非日常の空間で、ふだん言えない感謝の気持ちを伝えて、奥さんや彼女が“ホレ直す”誕生日や記念日、お祝いにしてあげられたら・・・そしてさらに元気になってもらえたら嬉しくないですか？それをかなえるお話を少し・・

まずは龍寿し旬のおすすめと梅雨の気だるさをぶっ飛ばす栄養についてお話します

今の時期、真っ先に思い浮かぶのが、青森の現地だけにしか出回らない希少な“ミョウバン無添加”のムラサキウニです。通常当店では９月～４月頃まではスペシャル箱のばふんウニという全国に１日７箱しか出ない最高級品を使っています。そして４月～８月は青森のムラサキウニを使います。甘みがピークに達した今の時期の青森のムラサキウニはスペシャル箱のばふんウニをもしのぐ、磯の香りと甘みのハーモニーが楽しめます。

次に“どっちの料理ショー特選素材”としても登場した淡路島の真ダコです。タコの旬は夏と冬、年２回あります。「夏タコは嫁に食わすな」ということわざがあり、嫁に食べさせたくないほどおいしいといわれます。超一級品のマダコを10年以上の歳月をかけて、香りの出し方、柔らかくスパッと噛み切れる食感、そして甘みの出し方を研究しました。超高級店でも食べられない味と香りを提供します。

そして梅雨になると脂がのってくるといわれる穴子です。宮内庁御用達の穴子専門店と当店だけに入荷する淡路島由良港の穴子です。もともと良質な穴子がとれる淡路島由良港の中でも、脂のある旨味のあるものだけを厳選して送ってもらっています。ほろほろと、とろける食感、鼻に抜ける香り、そして身の甘み、どんな高級店に行っても、私はこの穴子以上に美味しい穴子を食べたことがありません。

そして最後に、初夏だけの限定品“佐渡の本マグロ”です。あまりなじみがないかもしれませんが、佐渡でも本マグロがとれます。それも、築地市場でも最高値を付けるほどの最高級の本マグロです。赤身、中トロ、大トロと部位によって違った味が楽しめます。初冬の大間をはじめとする津軽海峡の本マグロが濃厚な脂の旨味を味わうのに対し、初夏のマグロはさっぱりした中にも香りを楽しむマグロです。（佐渡の本マグロは６月いっぱい位までの限定です）　ｅｔｃ

次に梅雨のだるさをぶっ飛ばす栄養についてです。

ことさら体を使ったわけでもないのに「疲れた」と感じたり、口に出したりしていませんか？なんとなく疲れるという場合は、ビタミンやミネラルが不足していることが多いのです。

タコにはビタミンＢ２とタウリンが多く含まれています。とりわけタウリンの多さは魚介類中トップクラスです。ウニにはビタミンＢ１そしてＢ２が多く含まれています。これらは、疲労の蓄積を防ぎ、疲労回復に役立ちます。

また、ウニ、穴子、マグロは活性酸素を抑え、老化を防ぐ、ビタミンＥを多く含みます。そしては皮膚や粘膜を強め、細菌に対する抵抗力をつけるビタミンＡを、ウニと穴子は多く含みます。

うっとうしいこの季節、おいしい“すし”で、大切な人を笑顔に変え、健康増進、疲労回復にお役に立てれば幸いです。

南魚沼市大崎1838-1 龍寿し　　TEL025-779-2169

見込み客のたまり場を探せ

見込み客の定義は、お金を払う心の準備ができた人、そしてお金を払ってでも、その問題を解決したい人です。これ以外は冷やかし客であっても見込み客ではありません。

見込み客のたまり場を知っていますか?実は、見込み客にはたまり場があります。それがわかっていれば苦労しないよという話ですよね。

かつての私もこれがわからず広告費を垂れ流していました。この概念を知らなかったために、どん底を味わう羽目になりました。この概念を知らなかったら、真っ逆さまに地獄に直行です。

そして、そもそもよくいわれるターゲットと見込み客とは違います。ターゲットは40代独身の男性とかですよね。では見込み客とはどのようなものか、見込み客の定義についてお話します。

まず一つ目はお金を払う心の準備ができた人

そして二つ目はお金を払ってでもその問題（欲求を満たしたい、悩みや痛みの解消）を解決したい人です。

これ以外は冷やかし客であっても見込み客ではありません。見込み客≧ターゲットです。

見込み客の中からターゲットをしぼる感じです。

では、私の店が東京で客単価１０００円の寿司屋をやっていると仮定します。それで、東京の客単価１０，０００円の寿司屋が、夫婦の結婚記念日のお祝いの食事利用を獲得する場合に当てはめてみていきます。

まず、自分のお店の既存のお客さんは、次回の企画の見込み客です。

それから、同じくらいの客単価、同じ商圏内の寿司屋（同業他社）のお客さんは見込み客です。

そして、自分の店のお客さんも同業他社のお客さんも業界全体から見れば見込み客です。

つまり、同業他社の目の前で広告を配れば一番効率よく、見込客を獲得することができます。

さすがに、これは無理というときは、同業他社が、出し続けている広告と同じところに広告を出稿すれば、そこが見込み客のたまり場です。そして、そこからお客さんを、かっさらってくることができます。

ただ、龍寿しの場合、寿司屋として考えたら、客単価が地域の他のお店と違い過ぎて、かっさらってこようとしても、見込み客がほとんど、他店に存在していません。もっと範囲を広げて、フレンチやイタリアン、懐石料理屋などを見ても、客単価が同じ店はほとんどありません。だから、他のお店の、ごく一部のアッパー層しか、見込み客になりません。そこで、もっと別の視点で、考えていく必要がありました。

では、ここからたった経費25，000円のDMを使って、どうやって、忘年会の売り上げ114万円を獲得できたか、お話していきます。

まず、過去に龍寿しを忘年会などで、使ってくれたことのある、大体、車で片道30分以内、距離にして20キロくらいの圏内の既存客を、リストアップしていきました。そして、その会社、事業所に他の部署がないかをインターネットや電話帳などを使って調べていきました。そうするといくつかの候補が見つかっていきました。そして、そこに、オファー（特典）を付けてDMを使って販促していくことにしたのです。

では、どうして、このようにしたと思いますか？

それは同じ会社や事業所であれば、宴会費の予算に大差がないと考えたからです。一つの部署が予算3，000円の宴会、もう一つの部署が予算1万円の宴会というのはあり得ないと思ったからです。

既存のお客さんが8，000円の予算で宴会をしていれば、きっと隣の部署も同じような文化を持っているので、同じような予算で宴会をしていると想像がつきました。

ターゲットを会社や事業所として定義すると、見込み客ではない、8，000円の客単価を払う心の準備ができていない冷やかし客にまでDMで販促することになってしまいます。安く作っても、DMであると1件100円くらいの経費が掛かります。そうなると、アプローチする件数が多くなりすぎて、費用対効果が悪くなってしまいます。

結局、経費倒れで、利益がほとんどなくなるなんてことになりかねません。

喜ばせながら高額のコースを売る秘策

お得感を演出して、満足度を高めれば、お客さんは喜んで、高いものでも買ってくれる。

今よりも、高額のコースが売れたらいいですよね。それもお客さんに、これはお得と喜ばれながら、客単価アップできればもっと良いですよね。

しかし、そもそも高額のコースのほうを一気にメインにしようとしたら、今までのお客さんが離れていってしまうんじゃないか?そんな不安が付きまとうと思います。実際、私もそうでしたから。

でも、今までのお客さんを、一切放すことなく実現できるとしたらどうですか?そんな方法が、あるんだったらぜひやりたいと思いましたか?

実は、あるんですよ。高額のコースにシフトしてもらい、客単価アップさせた方法が目を輝かせながら「一体、どんな方法なんですか?早く教えてください。」といわれそうですね。では、お話していきます。

3年くらい前まで、コース料理の主流は5，300円のコースでした。その当時は、山の中の田舎の店だし、このくらいが限界かなと思っていました。5，300円のコースにしても、周りの飲食店からしたら、十分高い金額でした。

とりあえず、当時カウンター席限定にして、6，500円のコースを売り出しました。もちろん、ひとつ上のコースを作ったので、少しは6，500円のコースをたのんでくれる人も出てきました。ですが、カウンター席限定にしたせいもあり、劇的に6，500円のコースが増えるということはありませんでした。

そして、2年ほど前より、6，500円から7，000円までコースの値段を上げて、カウンター席にこだわらず、コースを売ることにしました。

5，300円と7，000円のコースを寿司の内容と握り寿司の個数を変えて、2本のコースで走らせることにしたのです。通常のDMにつけているクーポンは、各コース500円引きだけだったのですが、この回は、5，300円のコースは、クーポンを使用すると、今まで通り５００円引き、そして７，０００円のコースは、５００円引にプラスして、さらに６５０円の中トロを１かんサービスで付けていきました。

お客さんからしてみたら、値引きを含めて合計で１，１５０円分お得になりますよ、という内容にしました。一方は、今まで通りの５００円引きだけ、もう一方の高額のコースは値段も上がるけれど、その分特典も多くなり、お得感も高くなるというふうにしていきました。

そして、あるときは、違ったやり方で、例えば、５，３００円のコースは中トロの握り１かん（６５０円）を特典として付けていきます。そして７，０００円のコースは中トロ１かん（６５０円）穴子１かん（４５０円）とハマグリ１かん（７００円）合計１，８００円分を特典として付けていきます。明らかに、７，０００円のコースがわかりやすくお得感がでるようにしていきます。

忘年会や歓送迎会など企業向けのコースは、５，５００円とそれから７，０００円に設定しています。

５，５００円の場合は１，３００円分無料で料理をお付けして、お値段は５，５００円のままで、6，800円の料理にグレードアップしてお出しします。というオファーを付けています。一方7，000円のコースはどうでしょうか？ここでは2，000円分の料理を付けて9，000円の料理にグレードアップしたものをお出しして、お値段そのまま、7，000円にしています。

このように7，000円のほうを、特典を多くして明らかにお得にしていきます。そしてはっきりとお得感がわかりやすいように、金額を入れていきます。

こうすることで、一定量のお客さんが、7，000円のコースをたのんでくれるようになります。これを数回繰り返していくと、人間は一度上げたレベルは、落とせない生き物なので、その後も7，000円のコースを、たのんでくれるようになります。

以前は、7，000円のコースは、ほとんど出なかったのですが、今では5，300円のコースより、7，000円のコースが多く出るようになり、客単価アップにつながりました。

そして、高いコースのほうが、当たり前ですが、寿司の内容が各段に良くなります。近年魚介の値段は急騰しています。魚種によっては、6～7年前の3倍の値段に高騰しているものもあります。この施策には、「本当に価値のあるおいしいものを食べて、舌も心も満たして欲しい。」という私の願いも込められています。

第五章　私が身につけた経営の教訓

ビジネスは信頼関係8割
ノウハウテクニックは2割

信頼関係があれば、なんでも売れる。

でも、逆に言えば、信頼関係がなければ売ることは難しい。


飲食店の商売において、一番大切なものは何だと思いますか？

味でしょうか？ 接客でしょうか？ それとも、商品力？ コストパフォーマンス？ それとも販売するテクニック？ それとも広告を作るテクニック？

以前の私は、味が良くて、コストパフォーマンスを良くして、接客もそこそこ良ければ、きっとお客さんは来てくれる。そう、かたくなに信じていました。

でも広告費を使って、忘年会の集客しようとしても、何も広告していない、近くの割烹屋さんに、かなわなかったのです。その理由がなぜだか、明確にわかりませんでした。結局のところ、地域の人とは、うちの店の客単価が合わなくてダメなのかなと、そんな風に考えていました。

あるとき、私のビジネスの先生が新潟県でラジオ番組を持っていたことがありました。そのラジオのリスナーからの質問に答えていたのを、聞いてハッとしました。

「ビジネスは、信頼関係が8割、そしてノウハウテクニックが2割だよ」と。

だから、いくら私が広告を使って、告知をしても、もともと信頼関係を構築している近くのお店にはかなわなかったということです。

それまでも、「信頼構築しなさい。」「信頼関係があれば何でも売ることができる」と耳にタコができるほど聞かされていました。が、まったくそのことを理解していませんでした。

ここで、ひとつ例を出します。

昔、あなたの命を助けてくれた恩師が、あるとき、見た目にも怪しげな壺を持ってきて、

「この壺を10万円で買ってほしい。」ときたら、あなたならどうしますか？

本当に、お世話になった方であれば、どうでしょうか？きっと、ろくに理由も聞かず10万円で買うと思います。

では、あなたが、のどが渇いて、水が飲みたいと思っているときに、浮浪者が、やってきて、封の空いていない、賞味期限も十分にある５００ccのペットボトルの水を差しだして、「30円でいいから買わないか？」といわれたら、あなたならどうしますか？

よっぽど生命の危険が迫っているときならまだしも、普通に軽くのどが渇いた。水が飲みたい。くらいのときであれば、「気持ち悪い、実際中に何が入っているかわからない。」と思って買うことはないと思います。それどころか、私なら、その場所から、走って逃げだすくらいです。

このように、ビジネスは、信頼関係で成り立っています。だから、信頼関係を構築している他のお店は、広告をなど出さなくても忘年会の集客ができたのに対し、うちの場合は、高い広告費を使っても集客することができなかったということです。

そして、このことは常に意識しています。ＤＭを出しても、ふだんの場合ほとんど売り込みは入れないようにしています。信頼関係を壊さないように、お客さんが食べたくなるような、情報だけをニュースレターのように届けるようにしています。

それから、お客さんとは、お店を使ってもらえれば、使ってもらえるほど信頼関係は、構築されていきます。

信頼関係が重要ということは、反応率にも大きく影響してきます。既存客に再来店してもらうコストよりも、新規客を獲得するコストは、5倍~20倍くらいかかるという話を前章でしました。

既存客というのは、過去に一回以上は、あなたのお店を利用したことのある人たちです。よっぽど下手なことをしない限り、少なからず信頼関係が構築されています。だから、新規客よりも既存客のほうが反応率もよく、コストもかからないわけです。

なにかしらの告知活動をするときは、まず信頼関係のある既存のお客さんから、そして、そのあとに新規客にアプローチしていく。これを間違えると、過去の私のように、大切なお金をドブに捨て続けることになります。

うまくいかなかったことはすぐにやめ、うまくいったことはうまくいかなくなるまで続ける

自分に合わないことは、すぐに見切りをつける。うまくいったことは、ワンパターンに繰り返す。

こんな経験は、ないでしょうか？パチンコ屋に行って、負けているのに、次は出るかも、次は出るかもと諦めきれずに、いつまでも、そのパチンコ台にしがみついて、お金をつぎ込み、すっかり大負けしてしまう。もしくは、台さえ、変えれば出るかもしれないと思って、有り金全部を突っ込んで大負けしてしまう。

実は、ビジネスにおいて、このパチンコの話と同じようなことを、私はしていました。

前に、インターネットで集客しようとして、うまくいかなかった話をしました。ホームページをつくって、その経費がざっと35万円、それに月々のサーバー管理費が１０，８００円それを何とか回収しようとして深みにはまっていったのです。それでＳＥＯ対策に、また、大金をつぎ込んで、約80万円ほどの出費になってしまいました。まさに、パチンコで、出ない台に、今度は出るかも、次こそは出るかもとしがみついていた状態です。

その次にも、その投資した分を、インターネット集客で回収しようとして、また、今度は自力で集客しようとしたわけです。今度は、パチンコ屋で、台を変えた状態です。

インターネット集客の教材を買って、やってみたけど結局上手くいかなかったのです。このとき、投資した金額は増えるばかりで、投資した金額はもう１００万円を軽く超えていました。しかし、一向に回収することはできませんでした。

もっと早く、見極めれば良かったのです。回収しよう、回収しようとあせってしまいました。集客することが、目的でしたので、インターネット集客にこだわる必要は、みじんもなかったのです。集客できれば、オフラインの方法でもなんでも良かったのです。自分に合わない方法は、早く見切りをつけて止めないといけないのです。

そうかと思うと、昔の私は、たとえ広告を打って上手くいったとしても、次にまた、広告を打つときには、すべてを変えていかなければならない。という勝手な思い込みがありました。普段の寿司を作っているときは、何年も何十年も技術の積み重ねで、上手くいったことは続けてやっているのに、冷静に考えれば、おかしな話です。集客に関しては、まったく違う考えになっていたのです。

だから、めちゃくちゃ大変でした。何かやるにしても、次の企画、そしてまた次の企画と一から考えていかなければならないと思い込んでいたからです。まるで過去のことは、二度とやってはいけないそんな感じでした。そして、実際にその通りにやっていました。

しかし、私の先生である億万長者とはこのへんの思考そのものが違っていました。集客、販売、アフターフォローまで、上手くいっていることは変えないのです。

集客に関しても、先生は、常にワンパターンなことを、何べんも、何べんも続けます。アフリエイター広告を使って集客するにしても、反応がとれなくなるまでやっています。

私の場合は、集客に関しては、上手くいった方法があったとしても、また次の媒体、次の媒体、それから次の集客法とフラフラとしていました。実際は、うまくいったことは、うまくいかなくなるまで、続ければ良かったのです。このことを、理解しだしてから集客がすごく楽になりました。

一度、作って反応がとれたＤＭは、次の年もほとんど変えることなく、そのまま使うことができます。新聞折り込みチラシも反応がとれなくなるまで、使いまわせます。

そのため、うまくいったことは改善して精度を上げていけば良いだけなので、労力的にはだんだんと楽になっていきます。

そして、楽になった分、余力の２割で新しいことに挑戦していく位でちょうどいいのです。

自分のエゴだけで商品は売れない

シンプルに、お客さんが、欲しがっているものを商品化する。

自分のエゴだけで、商品を作っていても、売れる商品にはならない。

以前の私は、自分のエゴだけで、商品開発をしていました。そして、お客さんが欲しがっていないものを、無理やり売ろうとしていたのです。

数年前に、かなりこだわって、いなり寿司を作って売ろうとしたことがありました。いなり寿司であれば、値段は手頃で、お客さんの手の届きやすい価格。店側からすれば、ふだんの営業にほとんど支障をきたすことが無く、売り上げを上乗せすることができると思ったからです。

業界紙に出ていたデータを見て、うちの店でも、1日100個くらいは売れるだろう。かなりこだわったものならば1個、売価130円くらいで売れるだろう。そして、1日100個売れれば、13，000円。時間にしても、1時間もあれば作れるだろうと思ったのです。

1ヶ月25日営業で325，000円。これに外税で消費税が入れば、1年やったら400万円ちょっと売り上げが、簡単に上がってしまう。何て、いいアイデアなんだ。とそのとき思ったのです。

これが実現したら、「俺、最高」それから「俺、天才」とさえ思っていました。そして、それだけ、いなり寿司の売り上げが立てば、一人従業員を入れて、その人に、いなり寿司を任せてやってもらおうと思っていました。

それで三ヶ月くらい、味をとことん研究していきました。勢いとしては「究極のいなり寿司を作ってやるぞ」という感じです。

有名なお店から、いなり寿司を買ってきては、味の研究をしました。レシピ本やインターネットでレシピを調べて試作もしました。油揚げを買い集めてきて、どの油揚げが稲荷寿司に合うか試作もしました。

いっそのこと、まとまって売れるのであれば、シャリもいなり寿司用の味付けにして、シャリから作ろう。毎日毎日、いなり寿司を食べて、味を改良していきました。

とにかく、簡単に手の届く値段で、おいしい味にすれば、売れると思っていたんです。売れないということを、考える余地は、私の頭の中には1ミリたりともありませんでした。そして、満を持して「いなり寿司」をリリースしました。

でも、結果は売れない。ほとんどまったく売れない。3ヶ月の苦労を思い返すと、悲しいくらいに売れない。1ヶ月で30個すら売れない。なぜそんなことがおきてしまったのか？

そもそも、いなり寿司の需要が龍寿しのお客さんには、ほとんどなかったのです。

そのときは、自分の頭の中が、いなり寿司のブームで、お客さんも必ず欲しがる。と勝手な思い込みをしていました。まったく、お客さんの食べたいという欲求を無視して、自分の思い込みとエゴで、商品開発をしたための大失敗でした。

もともと、お客さんが欲しがっていない商品を売るのは、至難の業です。それよりも、お客さんが欲しがっている商品を提案してあげたほうが、簡単に買ってもらうことができます。

安いものだから売れるということはありません。いくら安くてもお客さんが欲しがっていないものは売れません。どんなに高い商品であっても、お客さんの欲求が強いものは簡単に売れてしまいます。

いい例が、お客さんの食べたいという欲求が強い、ウニやノドグロなんかは、高い値段でも食べてもらえます。お客さんが、「食べたい」と思っているものを売っているのが繁盛している飲食店です。私は、このとき、まったくわかっていませんでした。

こんな失敗を経験しながら、今、お客さんは、何を食べたがっているのだろうか？何に困っていて、どんな悩みや痛みがあるのだろうか？お客さんの悩みや、困りごとの解決策に龍寿しの商品は、なりえないだろうか？いつもお客さんとの会話の中で、感じるようにしています。

そこに、売れる商品のヒントや、お客さんに提案するヒントが隠されているからです。

失敗という概念は存在しない

失敗ということはなく、改善を繰り返せばいいだけ。
だから、恐れずに一歩を踏み出していく。

あなたは失敗をしますか？もうちょっと踏み込んでいえば、あなたは、失敗をすることが怖いですか？

以前の私は、「失敗したくない」と失敗をすることを極端に恐れていました。失敗しないように、先回りして、失敗の原因をなるべく潰して。そのあと、考えて、考えて結局、行動することすらできない。そんな人間でした。

そもそも失敗という概念は、存在しません。

では、どういうことかといえば、ここで、ひとつ例を出してお話していきます。

新規に集客するための広告を出したとします。多かれ少なかれ、広告費を投じて、上手くいくかな、どうかなと、もう本当に、ドッキドキで結果が出るのを待つわけです。それが初めてであれば、もう怖くて怖くて、なおさらのことです。

仮に1000枚広告を出して1件の予約が入ったとします。

それで、なんだ、たった一件の予約だけか。大失敗だ。所詮自分じゃ何をやってもダメなんだ。と、爆発的な成果が出なければ、落ち込む人もいます。

そうかと思えば反対に、これは、凄い。改善すれば3件も夢じゃない。と思う人もいるわけです。

同じ出来事でも、解釈は人それぞれです。解釈次第で未来は、良くも悪くも変わってしまいます。

結果が良かったら、それはハッピーで成功、成果になります。

でも逆に結果が、反応がなかった、もしくは思っていたよりもかんばしくなかったときは、次から改善していけばいいだけなので、それは失敗ではなく、改善なのです。

何事もそうですが、行動すれば結果が出ます。良ければ成果となり、悪ければ改善すればいいだけです。

失敗として、ひとつの箱に入れてしまえば、失敗になります。でも、本人がこれは、失敗ではなく改善、といっている間は失敗にはなりません。しかし、失敗ととらえる人は、もう怖くて広告は打てないなんてことに、なりかねません。

はたから見たら、それ完全に失敗でしょと思うことであっても、本人が諦めない以上は失敗ではなくて改善なのです。

どんな成功者であっても、他人から見たら完全に、それ失敗でしょということなんて、いくつも経験しているはずです。ただ成功者たちは、それは改善としか思っていないのです。どんな最悪な結果であっても改善を続ける限り、終わりが来ることはありません。結局、失敗か、そうでないかは本人が決めることなのです。

そして、あのアメリカの偉大なる発明家　トーマス・エジソンも「私は失敗したことがない。ただ、1万通りの、うまく行かない方法を見つけただけだ。」と語っています。

こういうことを、教えてもらってから、失敗ということが怖くはなくなりました。上手くいかなくてもそれは、失敗ではなく、改善なので、とにかく一歩踏み出してみる。

広告を出すときも、上手くいかなかったときは、今度はキャッチコピーを代えようとか、オファーを代えようとか、上手くいかなかったことは、上手くいくまで改善する。

ビジネスは10発撃って当たるのは2発くらいです。だから、改善して、改善して精度を高めていく。それを、常に頭の中に入れて行動するようにしています。

ひとつものに狂えば、いつか答えに巡り合う

ビジネスをうまくいかせるコツは、ひとつのことに狂うこと。

そうすれば、自然と答えは引き寄せられる。

これは、「奇跡のリンゴ」という本を読んだときに書いてあった言葉です。累計35万部も売れて、映画化もされた本です。ベストセラーですから、読んだ方も多数いらっしゃると思います。この言葉を聞いて正直、しびれました。ただ、それと、同時にまだまだ、木村さん(奇跡のリンゴを作った方です。)には、遠くおよばないなと。

木村さんは、何年もリンゴ畑から収入がなく、それでも、諦めずに農薬を使わない、無農薬のリンゴ栽培に、世界で初めて成功された方です。

木村さんが、やられたことに比べたら、山の中の寿司屋にお客さんを、呼び込むことなんて、難しいことはないなと感じました。

さすがに、私の場合、年収が90万になっても、それが1年間だけで、2年も3年もということはありませんでした。電気が止められたこともないですから。もっとも電気が止められたら、寿司屋には致命的で、営業することが、不可能ですしまして自殺寸前まで追い込まれたこともありません。

心理学用語のひとつに、カラーバス効果というものがあります。

人間の脳は特定の物事を意識し続けると、その間に得られた視覚・聴覚などの情報から、その物事に関連する情報を積極的に選んで認識するという性質があります。これを、カラーバス効果といいます。

例えば、子供が生まれると、今まで気にも留めなかった、アンパンマンなどの子供が喜ぶようなキャラクターが、やたら目につくようになってきます。それから、自動車のベンツが欲しいと意識しだすと、街中や車を走りながら、ベンツが目につくようになってきます。きっと、あなたも、こんな経験があると思います。

春のとあるとき、イタリアンのお店に、ランチに行ってきました。そうしたら、前菜の盛り合わせの1品として、カキのオイル煮が出てきました。それで、その上に鮮やかなライトグリーンの何かが、のっていて、食べてみると、ふきのとうでした。私が、寿司屋をやっていなかったら、「ああ、おいしかった。」で終わったと思います。

しかし、このとき、こんな組合せ方があるのか。と感心したのです。というのも、そのとき、魚沼の食材を何か寿司に使って、どこにもない、龍寿しでしか食べられない味をつくれないか?と思っていたからです。で、カキとふきのとうに近いものを、寿司に応用できないか?と思いました。

それで、店に帰ってから、いろいろと合わせてみることにしました。ヒラメやタイ。それから、マグロの赤身やトロ。そして甘エビやボタンエビ。

その中で、抜群に合うのが甘エビでした。それも、プリップリの鮮度最高のものではなく、一日たった、大ぶりのとろけるような食感の甘エビと抜群の好相性になるということを発見することができました。

一日たった大ぶりの甘エビは、とろけるような食感になり、甘みも最高潮に達します。しかし、それと同時に臭みも出てきます。それを、ふきのとうの苦味と香りがうまく消して、さわやかな風味で、甘エビの甘みをさらに引き立ててくれます。

寿司屋という商売のことを強く思っていると、カラーバス効果によって、必要な情報が目からも、耳からも浴びるように、入ってくるようになります。新しい味や、新しい魚の仕入れ先や、販売方法、それから調理の仕方など。

私は、趣味も全くない人間です。唯一の趣味といえば仕事です。仕事が趣味で、そして遊びです。そんな状況なので、一日のうち、寝ている時間を除けば約18時間、寿司屋の商売のことだけを考えています。ですから、

甘エビ（南蛮エビ）
イタリアンをヒント、甘エビにふきのとうの苦みを組合わせ、新しい味を開発。

これも当たり前のことです。
だから、「ひとつのものに狂えば、いつか答えに巡り合う」――この言葉の通りに、ひとつのものに狂うことが、一番の商売をうまくいかせるコツだと思います。

ちゃんネタ捨てますか？
それともお客さん捨てますか？

お客さんは、こちらに落ち度が無なくても一定の割合で流出してしまう。
せめて、こちらの落ち度は極限までなくそう。

私が30歳くらいのときから、ずっと20年くらい、いつも心にとどめている言葉があります。

それが

「ちゃんネタ捨てますか？それともお客さん捨てますか？」

という言葉です。

業界用語で古いネタのことを、〝アニキ〟とか〝あんちゃん〟といいます。それで、ちゃんネタとは、あんちゃんのちゃんで古いネタのことといいます。つまり、あんちゃんのちょっと臭いが出たような古いネタを捨てますか？それとも、その古いネタを使って、せっかく来てくれている大事なお客さんを捨てますか？ということです。

そもそも、この言葉を教えてくれたのは、私にとって恩師とも呼べる人でした。今はもう、お歳と健康上の理由で、２０１７年の3月いっぱいで廃業してしまいましたが、川崎北部市場でマグロ屋を営んでいた株式会社光栄水産の山杉社長でした。

山杉社長は、若いころ自分で寿司屋をやっていたこともある人で、市場の休みに年に数回、横浜の自宅から南魚沼の山里へ、奥さんと二人で、息抜きをかねて、南魚沼の温泉でリフレッシュしながら、寿司を食べに来てくれていました。

そこで、冷凍のインドマグロの目利きを、ずいぶんと教えてくれました。

こういうマグロは血栓は多いけど、うまいマグロなんだよとか、サメが食ったマグロはうまいんだよとか、縮れる身質のマグロが主流だけど、本当にうまいマグロは、縮れないマグロだよとか、今まで築地市場のマグロ屋さんでは、教えてくれなかった本質を、いろいろと教えてくれました。今の、私が持っているマグロについての、知識は、ほとんど山杉社長が教えてくれたものです。

冷凍のマグロを扱っているマグロ屋さんは、色や脂ののりでしかマグロの良し悪しを判断しない人がけっこういます。以前には、マグロに「血の匂いがするから、こういうマグロは、やめて欲しい」といっても、そもそも血の匂いすらわからない。そんなマグロ屋さんもいました。

ですが、山杉社長は、マグロそのものの味をきちんと見てくれるマグロ屋さんでした。

その山杉社長のマグロのおかげで、「龍寿しのマグロはおいしい」と地域でも認められる存在になっていったのは、私にとって本当にありがたいことでした。

で、あるとき、山杉社長が寿司を食べながらいったんです。「龍ちゃん、（山杉社長は私のことをこう呼んでいました。）商売で一番大事なのは、『ちゃんネタ捨てますか？それともお客さん捨てますか？』だよ」とこのとき、ガツーンと金属バットで、後ろ頭を殴られたような衝撃でした。そこまで、ストイックに考えていたことが、あっただろうか？いや、きっと、そこまでは考えていませんでした。

それまでには、ちょっと妥協しながら、このくらいなら、あんちゃんのネタを使っても、お客さんは気付かないだろうと思っていたことがありました。もちろん、ネタばかりではなく、シャリにしたって同じことです。

お客さんは、店側に落ち度がなくても、引っ越しとかライフスタイルの変化、その他もろもろの理由で、1年ごとに一定の割合で流失していきます。

それに加えて、少しでも「おいしくなかった」とお客さんが感じてしまえば、もう次に来店してもらえることは、二度とありません。寿司屋の側からすれば、寿司を作るということは、毎日のルーティンに近いのかもしれません。しかし、お客さんとはいつも、一期一会です。だから、いつも、いつも心の中で呪文のように唱えています。

「ちゃんネタ捨てますか？それともお客さん捨てますか？」と

私が、寿司屋をやっている限り、この言葉を胸にとどめて、寿司職人として、経営者として、寿司屋という商売を営んでいく覚悟です。

あとがき

「信じて実行し続ければ夢はかなう」

数年前、雑誌「自遊人」編集長の岩佐十良さんが、龍寿しのカウンターで語っていました。

「2020年の東京オリンピックのときに、龍寿しのカウンターが外国人で埋め尽くされている光景が夢だ。」と

そのときは、夢物語だと思っていましたが、今は現実に起こりうる光景だと思っています。

ですが10年ほど前、リニューアルに失敗して、わずか2年で売り上げが急降下して、従業員も解雇しなければいけなくなったときは、あと何年、店をやっていられるんだろう?と毎日毎日そんなことばかり考えていました。

将来への不安が頭の中を占領し、何をやるにしても自信がないような、常にびく

びくした気持ちでした。

それと、私が2代目を継いだせいで店を潰したら、オヤジに申し訳ない気持ちでいっぱいでした。


やっと、重い腰を上げて、セミナーというものに初めて参加し、戸惑いながらも、何とか1歩づつふみだし、店は復活させることができました。

もちろん、これまでお話した通り、今現在にいたるまで、それは平たんな道のりでは、ありませんでした。

数えきれないくらいの、失敗を繰り返し、やっと今に至っています。

何をやったかといえば、夢に向かって「諦めなかった。」ただ、それだけです。


そして、今、またインターネットを使って集客に挑戦しています。前回、インターネット集客を試みたときより、4年近くたち、また時代は変わってきました。

それと同時に、龍寿しのポテンシャルも劇的に進化してきました。

全国的に見たら、いや世界的に見たら、客単価8，000円の寿司屋に行く見込み客はインターネット上に多数存在しています。
その人たちに、「今まで食べたことのないような、握りで喜んでもらいたい。」そう思っています。

数年前より、「気候風土にあった昔からの食が失われつつある中、その食文化を守り、次世代に残していこう」〝永久〟に守りたい味。がコンセプトの「雪国A級グルメ」というプロジェクトに参加しています。

このプロジェクトで、新潟の魚も使いかたによっては、けっこういけるということに改めて気づきました。ただ、魚自体は良くても、漁師さん、仲買さんの魚の扱いの向上は必須条件だと思っています。

佐渡の寒ブリは、1週間も湿度100%の雪の中に埋めておけば、しっとりと柔らかく、とろける味わいに変わります。これは雪がもたらす恵みです。

それから、第5章でもふれましたが、山菜ですら寿司の薬味に使えます。「甘海老」に「ふきのとう」が代表的な例で、薬味にふきのとうを使うことにより、臭みだけを打ち消して、さわやかな香りと甘みで、味を1段階2段階上まで引き上げてくれます。

そんな、新潟だけ、魚沼だけしか食べられない味覚を織り交ぜながら、銀座でもない、海の近くでもない、そして観光地でもない新潟県の魚沼地方の八海山の麓の山の中に、全国から、そして世界から、わざわざ寿司を食べに殺到する。

そうなっていったら、魚沼の観光や新潟県の観光に微力ながら、貢献できると思います。もう少し大きなことを言えば、もっと日本を元気にするお手伝いさえできると思います。

そして、昔の私のように、立地が悪いと諦めていた全国の寿司屋の経営者、飲食業界の方に勇気と夢を与えられると思っています。

夢は諦めなければ、きっと叶います。これからも、少しでも多くの人たちを笑顔で、満たしていきます。

佐藤正幸

◆ 著者紹介

佐藤《さとう》 正幸《まさゆき》

1969年生まれ。新潟県出身。

50年以上続く寿司屋「龍寿し《りゅうずし》」の2代目店主。人通りゼロの山の中という悪立地にもかかわらず、新潟県で5本の指に入る名店としてマスコミに紹介される。

高校を卒業し寿司職人の修行のために上京。わずか10ヶ月で逃げ帰り、新潟県の寿司屋に再就職。22歳のときに実家の寿司屋で働くようになる。28歳のときに父親が他界し以後、著者が寿司屋を経営する。店をリニューアルしたときは一時的に売り上げがアップしたものの、しばらくするとまた売り上げが低迷し借金だけが残った。ほぼ独学で寿司の技術を研究する。40歳のころ、マーケティング・セミナーに参加し、徐々に業績を伸ばし、その後、毎年増収増益を果たしている。香港のジャッキー・チェンなどの映画プロデューサーで世界有数の美食家で料理の鉄人の審査員も勤めていたチャイ・ランさんが来店し「60年寿司を食べてきて、最高の寿司」と言わしめた。ネットメディアや新聞などで「奇蹟の寿司」と言われている。趣味は仕事。「仕事こそが最高の遊び、自分のすべてだ」と著者は語る。現在は、愛妻と店を切り盛りしながら飲食業の集客の悩み相談に乗ったり、コンサルティングしたりしている。

◆ 参考図書

『稼ぎたければ捨てなさい。』船ケ山哲（きずな出版）

『大富豪から学んだ世界最強の儲かる教え』船ケ山哲（アイバス出版）

『奇跡のリンゴ 「絶対不可能」を覆した農家 木村秋則の記録』
著 石川拓治 監修 ＮＨＫ「プロフェッショナル仕事の流儀」制作班（幻冬舎）

奇跡は自分で起こせ！

――新潟の山の麓《ふもと》の高級寿司店にお客が殺到する理由《わけ》――

発行日　平成 30 年 2 月 28 日　初版発行

著　者　佐藤正幸《さとうまさゆき》
制作者　永瀬正人
発行者　早嶋　茂
発行所　株式会社旭屋出版
〒 107-0052　東京都港区赤坂 1-7-19　キャピタル赤坂ビル８階
電　話　03-3560-9065
ＦＡＸ　03-3560-9071
旭屋出版ホームページ　http://www.asahiya-jp.com
郵便振替　00150-1-19572

書籍コーディネート　インプルーブ 小山睦男
デザイン　佐藤暢美
撮　影　曽我浩一郎

印刷・製本　株式会社サンニチ印刷

ISBN978-4-7511-1320-2　C2034